もくじ　宿題・授業に！　今スグ使える算数プリント　小学1年生

はじめに

このプリント集は、子どもたち自らがアクティブに問題を解きつづけ、学習できるようになる姿をイメージしてうまれました。

ともすれば問題を途《と》中《ちゅう》で投げだしてしまう、苦しそうにプリントから目をそむけてしまう…、そんな場面をなくしたいという思いでつくりました。

プリント１枚ができないことや、つづかないことには理由があります。
例えば、子どもたちはちょっとした問題の変化であっても、急に難しく感じたり、同時に複数のことを考えなければならないとき、混乱が起きてしまうのです。

このプリント集は、スモールステップを大切にして、子どもたちがつまずかないように配慮して編集しています。

「もっとつづきがやりたい！」
と、子どもがワクワクして自ら求めるプリント。

「もっとムズカシイ問題をといてみたい！」
と、子どもが目をキラキラと輝《かがや》かせるプリント。

そんなプリントをめざして、少しずつできることを増やしていき、子どもが自信をつけ、それによって、学ぶことが楽しくなるようにつくりました。

このプリント集を使って、子どもたちがワクワク、キラキラして取り組んでいる姿が、皆さまの目の前で広がりますように。

藤原　光雄

『宿題・授業に！ 今スグ使える算数プリント 小学１年生』

このプリントは、子どもたちの学びの基本である教科書の内容とレベルを中心に、できることがどんどん広がっていくようにつくっています。

本書の内容

◆幅広《はばひろ》く目的にそった指導に使える！
子どもによりそって、プリントを使い分けることができます。

◆教科書で学習した内容を
思い出す！ →確かめる！ →試してみる！ →できるようにする！
→自分のものにする！ →説明できるようにする！

◆自主性をそだてる具体的な声かけで効果的な学習を！
教師が一方的に問題から解答まで指導すると、この問題はできるけど、類似問題はできないという事態や、学習の途中で自身の気づきやふり返りがないと、いつまで経っても自分でできないといった事態が起こってしまいがちです。そのために、以下の声かけをしてあげてください。
（例）「ここまでは大丈夫？　次は何をすればいいのかな？」
「今勉強したところを、ちょっと説明してくれる？」
「今どれくらいわかってる？　10点満点で何点ぐらいかな？」

◆算数科６年間の学びをスパイラル化！
算数科６年間の学習内容のスパイラルを意識して問題配列しています。この巻では１年生の全単元を扱《あつか》っていますが、予習にほかの学年の巻も使ってみてください。

本書の特長

◆はじめの一歩をわかりやすく！
はじめの問題には、うすい字でやり方や答えの書き方が書いてあります。
なぞりながら答え方を身につけることができます。

◆ゆったりした問題数！
問題を精選し、教科書の学びを身につけるための問題数をもりこみました。

◆算数感覚から解き方を定着させる！
問題を解くための数の感覚や、図形のとらえ方の感覚を大切にして問題を配列しています。

宿題や授業など、さまざまな指導の場面でご使用ください。

1 なかまづくりとかず ①

なまえ

1 1を　みつけ、○を　つけましょう。

① 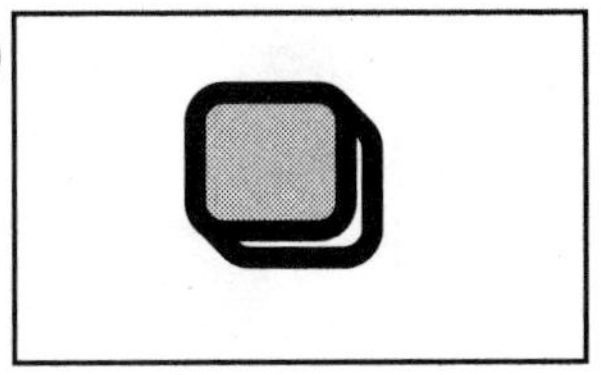

② 

③ 

(　　)　(　　)　(　　)

2 すうじを　なぞりましょう。

1

1	1	1	1	1
		1	1	1

3 えと　おなじ　かずだけ、ぬりましょう。

1

●	○	○	○	○
○	○	○	○	○

4 えの　かずだけ、まるを　かきましょう。

1 なかまづくりとかず ②

なまえ

1 2を　みつけ、○を　つけましょう。

① 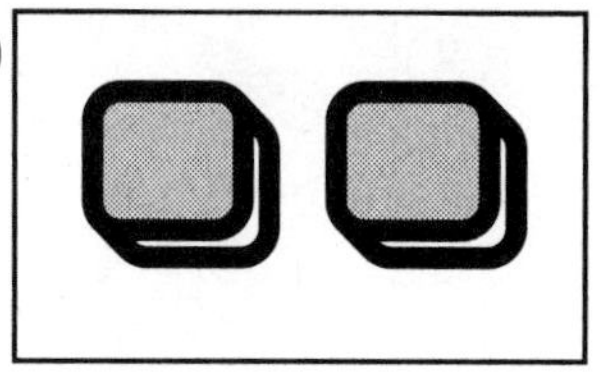

② 

③ 

(　　)　(　　)　(　　)

2 すうじを　なぞりましょう。

2

2	2	2	2	2
		2	2	2

3 えと　おなじ　かずだけ、ぬりましょう。

2

●	●	○	○	○
○	○	○	○	○

4 えの　かずだけ、まるを　かきましょう。

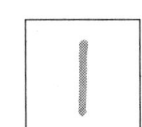

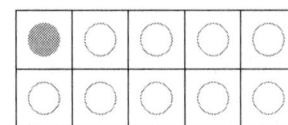

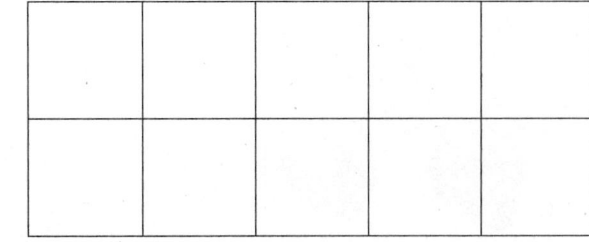

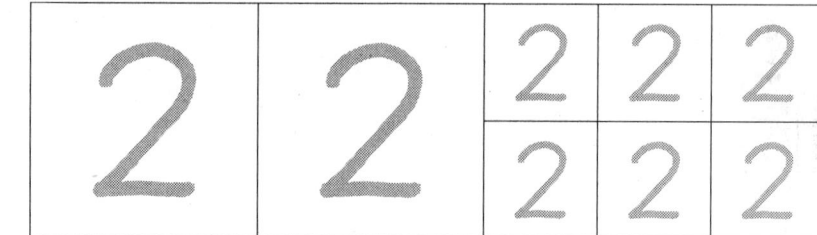

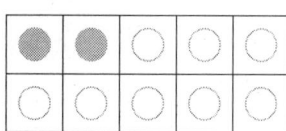

1 なかまづくりとかず ③ なまえ

1　3を　みつけ、○を　つけましょう。

①  (　　)

② 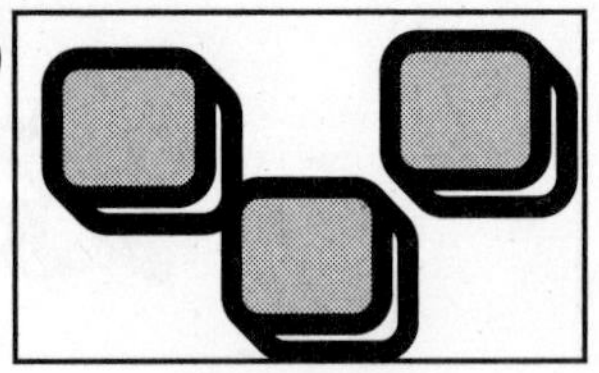 (　　)

③  (　　)

2　すうじを　なぞりましょう。

3

3	3	3	3	3
		3	3	3

3　えと　おなじ　かずだけ、ぬりましょう。

3

●	●	●	○	○
○	○	○	○	○

4　えの　かずだけ、まるを　かきましょう。

1 なかまづくりとかず ④ なまえ

1　4を　みつけ、○を　つけましょう。

① 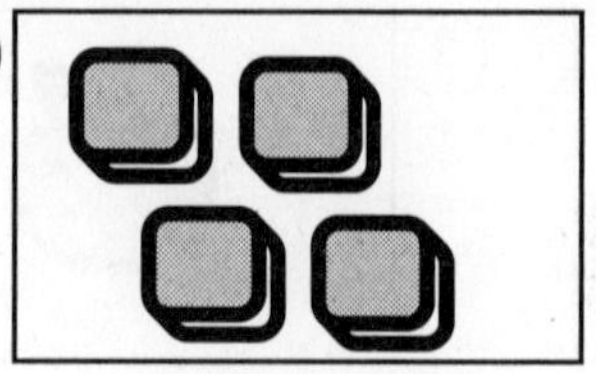 (　　)

②  (　　)

③ 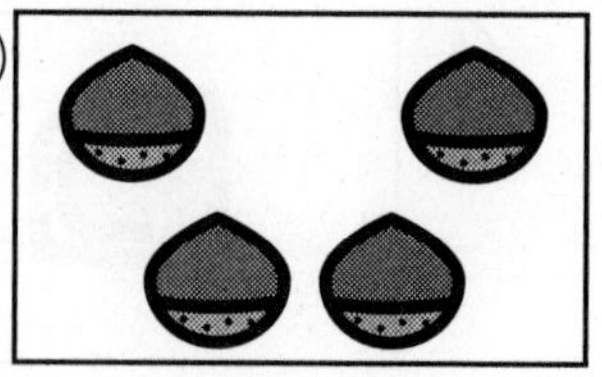 (　　)

2　すうじを　なぞりましょう。

4

4	4	4	4	4
		4	4	4

3　えと　おなじ　かずだけ、ぬりましょう。

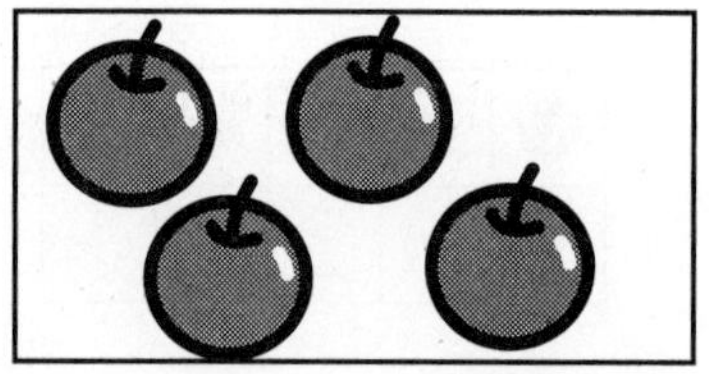

4

●	●	●	●	○
○	○	○	○	○

4　えの　かずだけ、まるを　かきましょう。

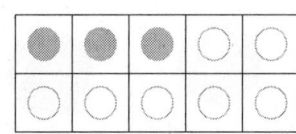

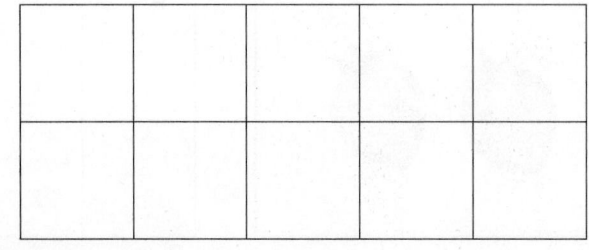

1 なかまづくりとかず ⑤ なまえ

1　5を　みつけ、○を　つけましょう。

① 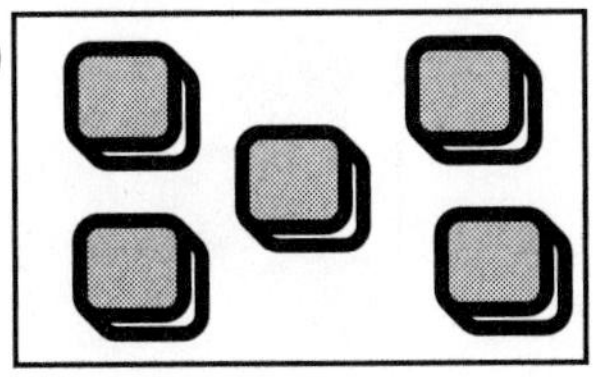
② 
③ 

(　　)　(　　)　(　　)

2　すうじを　なぞりましょう。

5

5	5	5	5	5
		5	5	5

3　えと　おなじ　かずだけ、ぬりましょう。

5

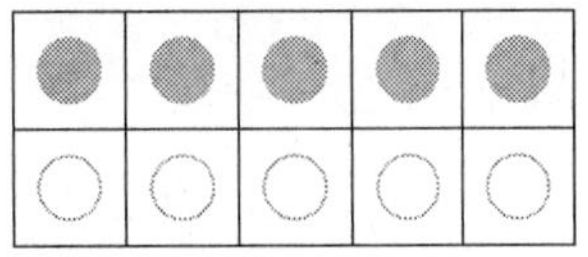

4　えの　かずだけ、まるを　かきましょう。

1 なかまづくりとかず ⑥ なまえ

1　6を　みつけ、○を　つけましょう。

① 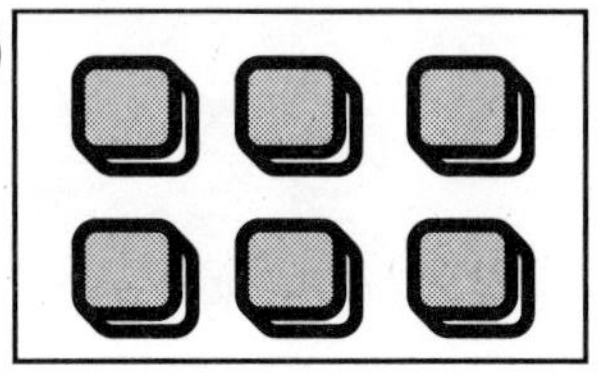
② 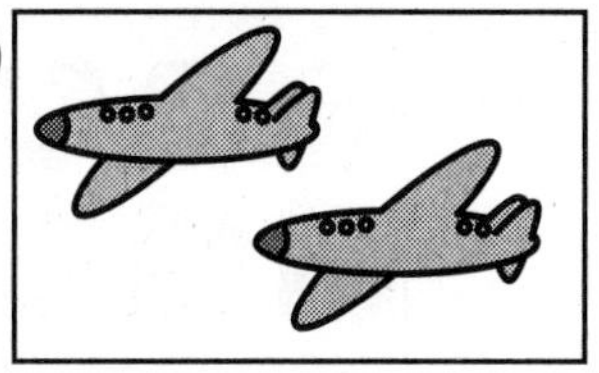
③ 

(　　)　(　　)　(　　)

2　すうじを　なぞりましょう。

6

6	6	6	6	6
		6	6	6

3　えと　おなじ　かずだけ、ぬりましょう。

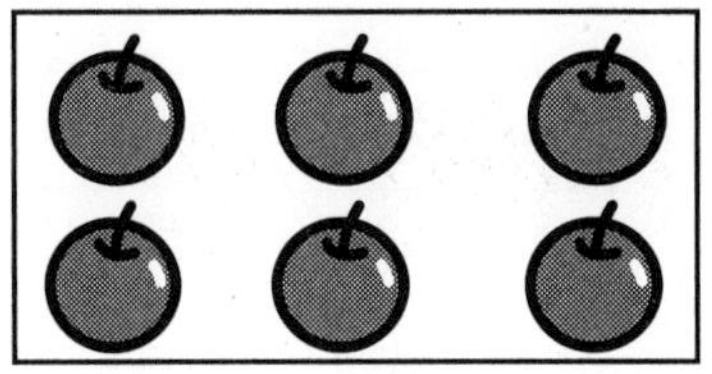

6

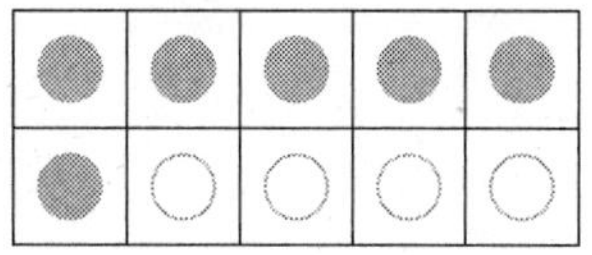

4　えの　かずだけ、まるを　かきましょう。

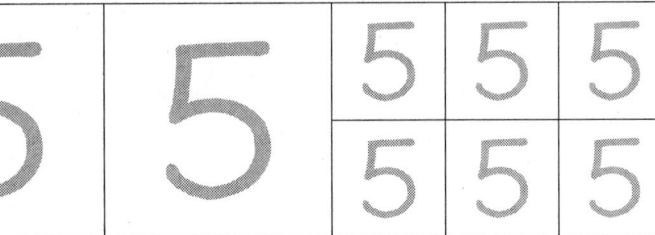

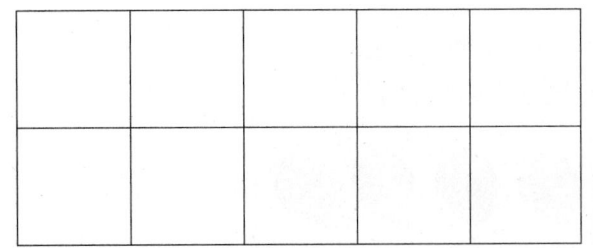

1 なかまづくりとかず ⑦

なまえ

1 7を　みつけ、○を　つけましょう。

① 
② 
③ 

（　　）　（　　）　（　　）

2 すうじを　なぞりましょう。

7

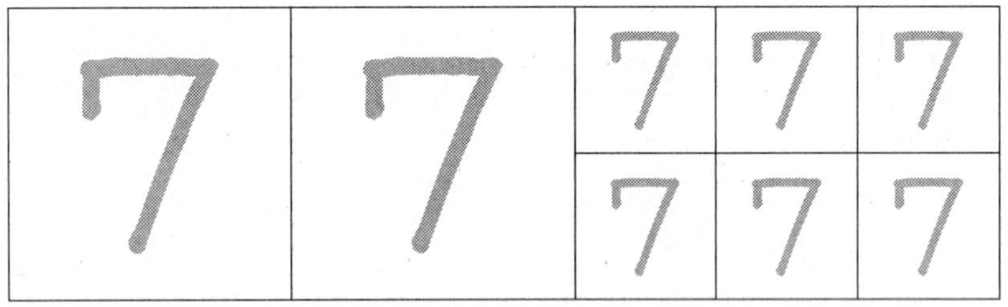

3 えと　おなじ　かずだけ、ぬりましょう。

7

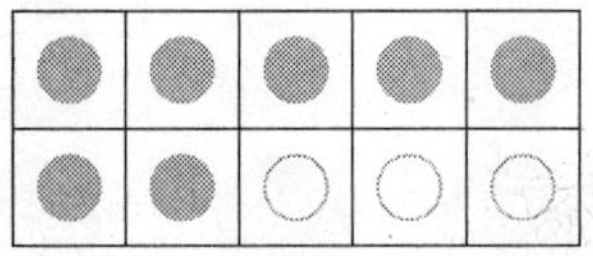

4 えの　かずだけ、まるを　かきましょう。

1 なかまづくりとかず ⑧

なまえ

1 8を　みつけ、○を　つけましょう。

① 
② 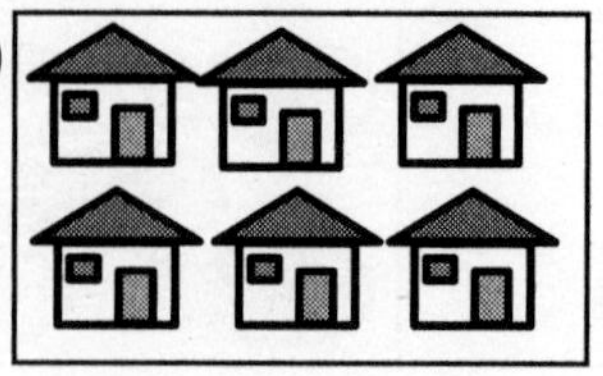
③ 

（　　）　（　　）　（　　）

2 すうじを　なぞりましょう。

8

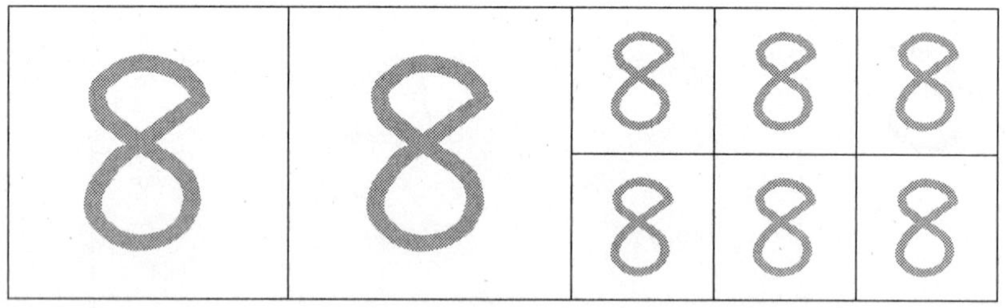

3 えと　おなじ　かずだけ、ぬりましょう。

8

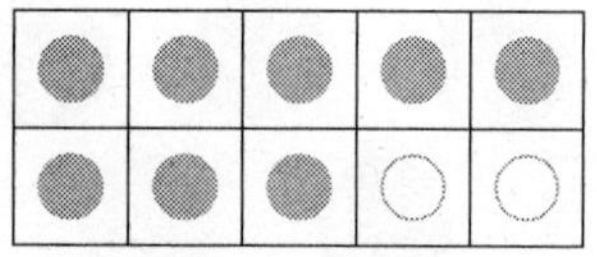

4 えの　かずだけ、まるを　かきましょう。

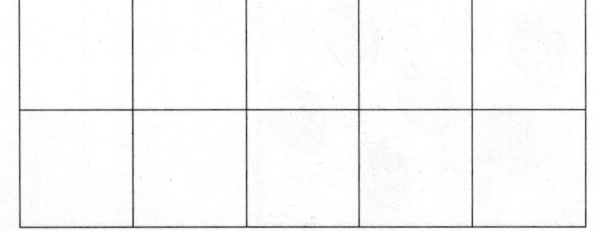

1 なかまづくりとかず ⑨ なまえ

1 9を　みつけ、○を　つけましょう。

① 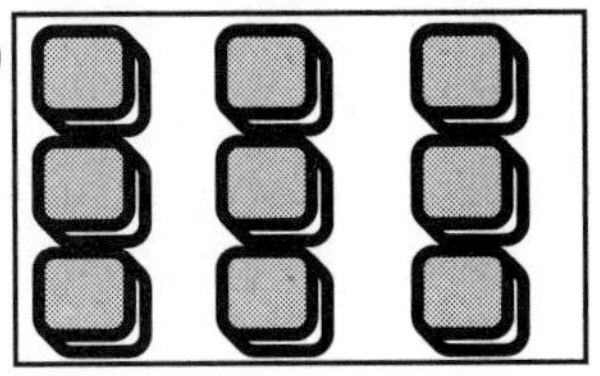
② 
③ 

（　　）　（　　）　（　　）

2 すうじを　なぞりましょう。

9

9	9	9	9	9
		9	9	9

3 えと　おなじ　かずだけ、ぬりましょう。

9

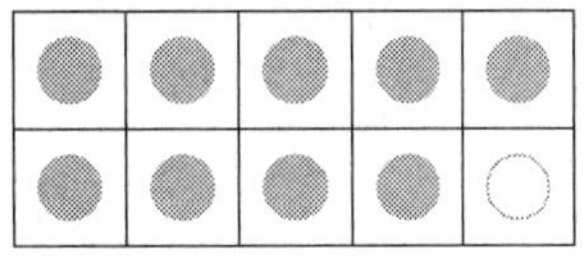

4 えの　かずだけ、まるを　かきましょう。

1 なかまづくりとかず ⑩ なまえ

1 10を　みつけ、○を　つけましょう。

① 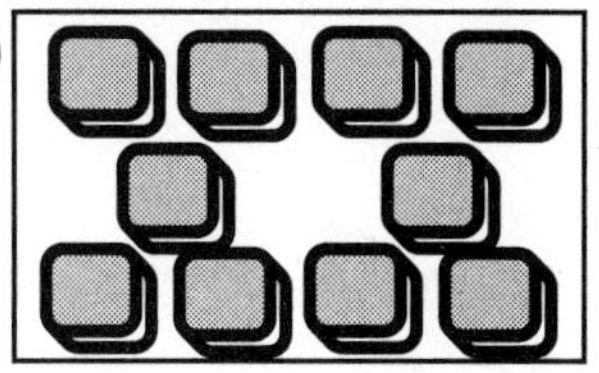
② 
③ 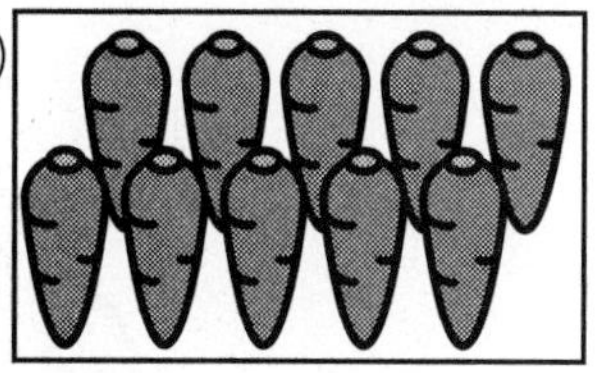

（　　）　（　　）　（　　）

2 すうじを　なぞりましょう。

10

10	10	10	10	10
		10	10	10

3 えと　おなじ　かずだけ、ぬりましょう。

10

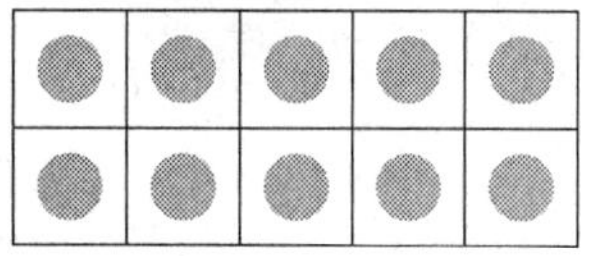

4 えの　かずだけ、まるを　かきましょう。

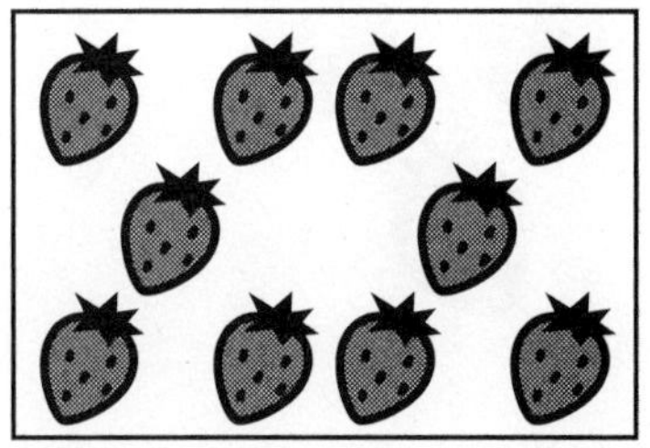

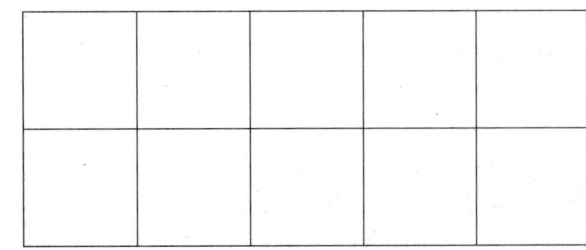

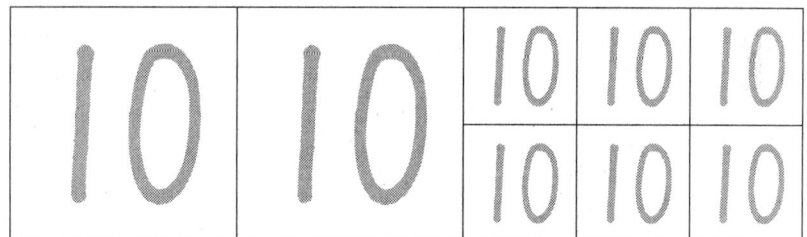

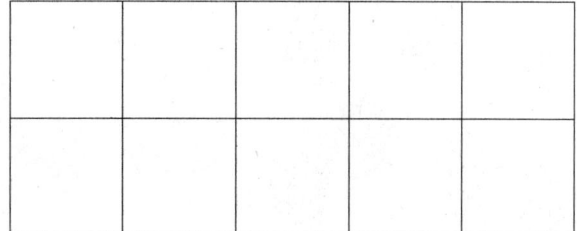

1 なかまづくりとかず ⑪ なまえ

1 なかまを　せんで　つなげましょう。

2 なかまを　○で　かこみましょう。

1 なかまづくりとかず ⑫ なまえ

なかまを　○で　かこみましょう。

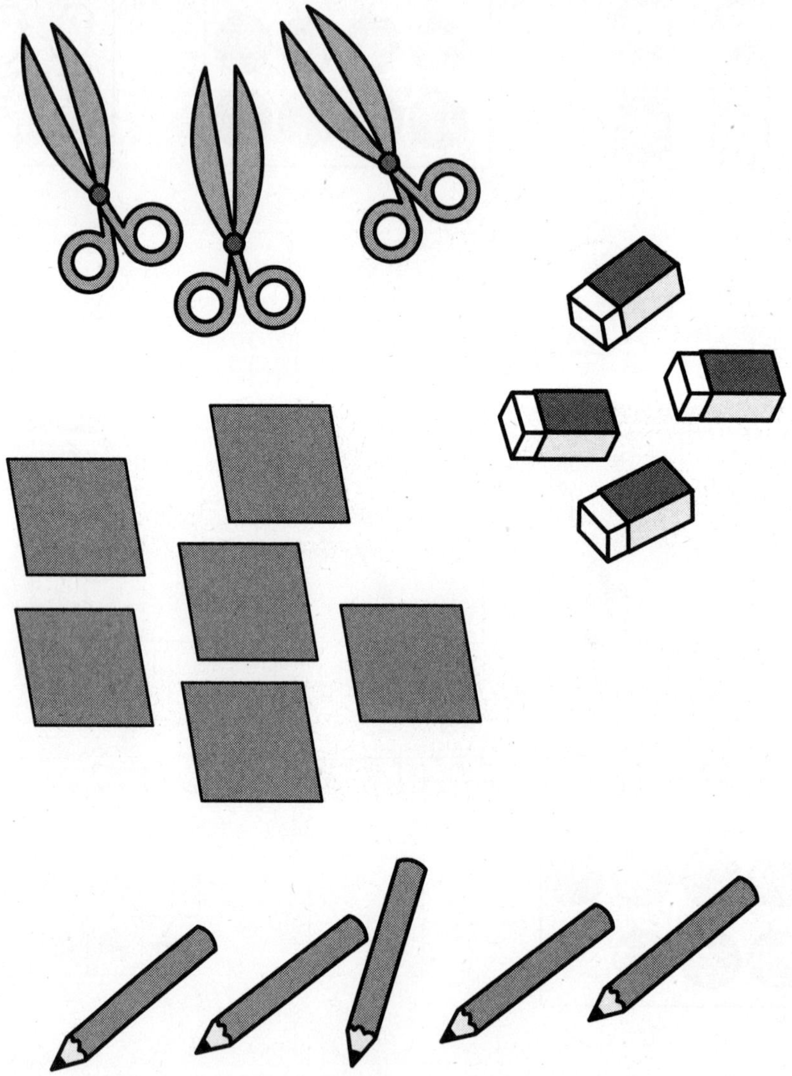

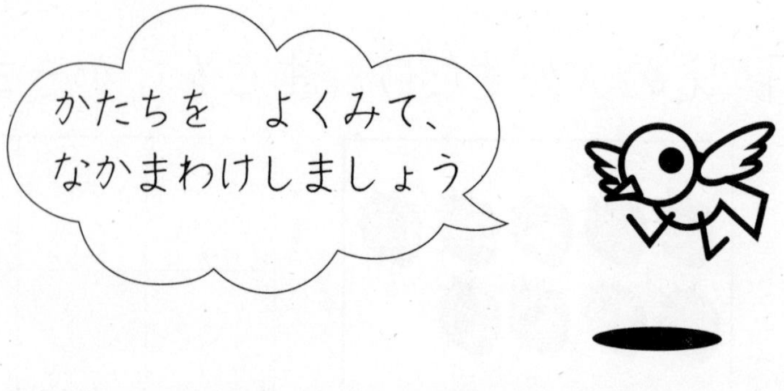

1 なかまづくりとかず ⑬

なまえ

えを　みて　すうじを　かきましょう。

① 3

②

③

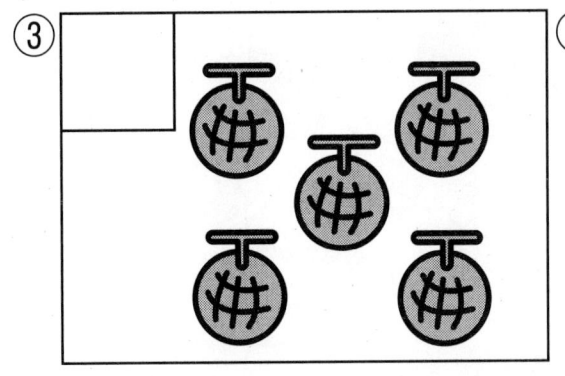

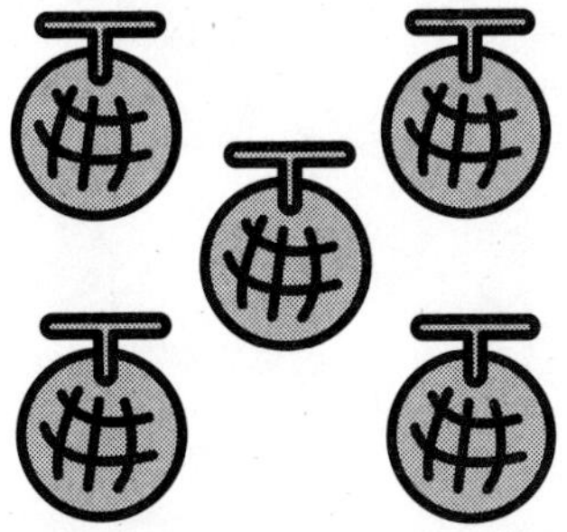

④

⑤

⑥

1 なかまづくりとかず ⑭

なまえ

えを　みて　すうじを　かきましょう。

① 5

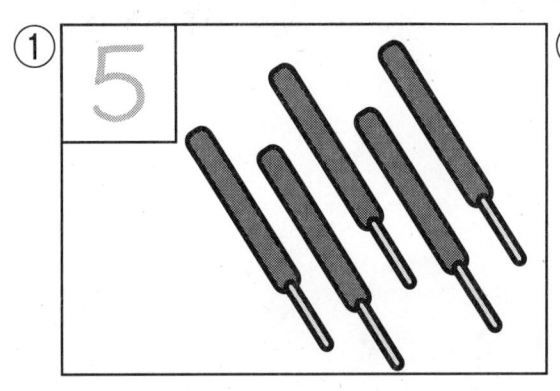

②

③

④

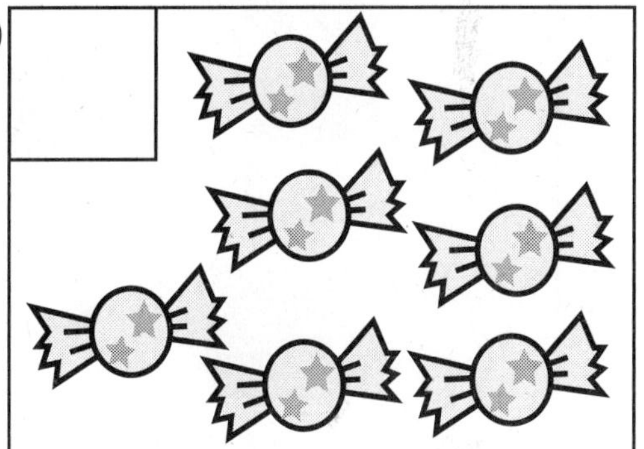

⑤

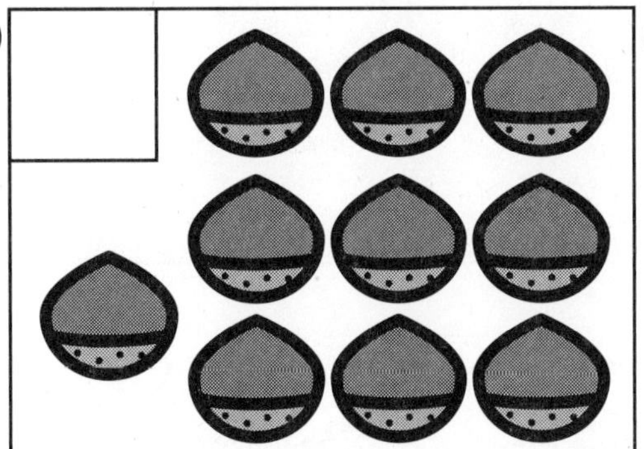

⑥

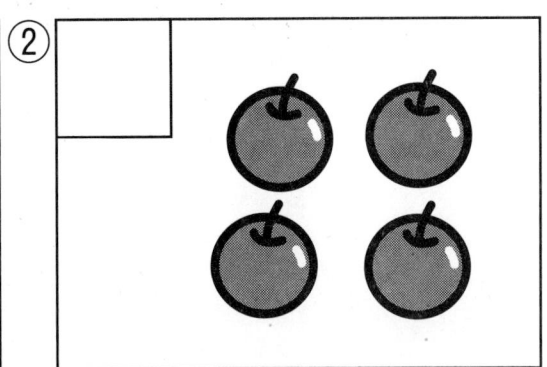

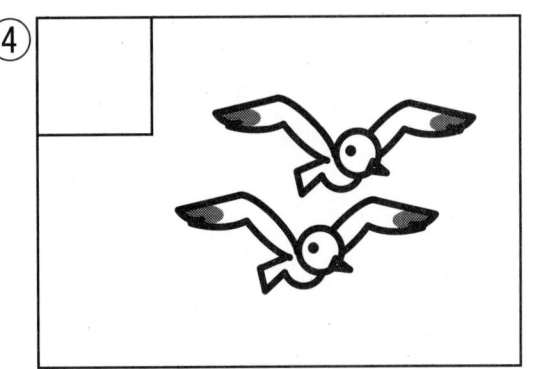

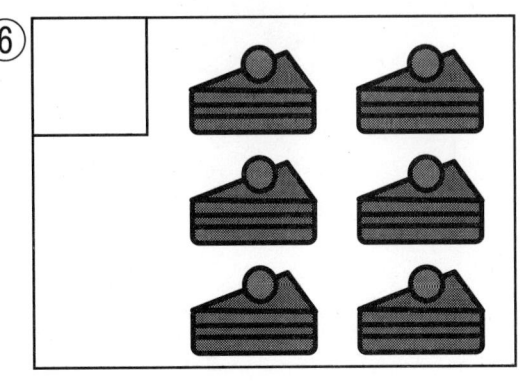

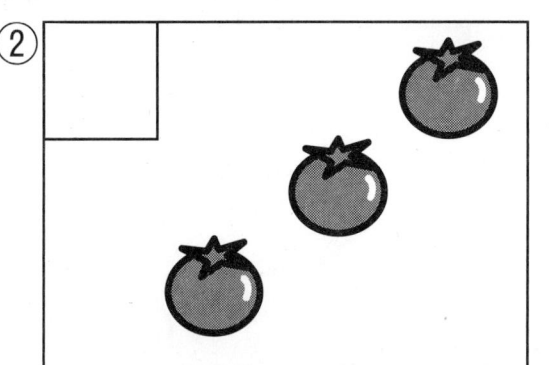

1 なかまづくりとかず ⑮

なまえ

えを　みて　すうじを　かきましょう。

2

1 なかまづくりとかず ⑯

なまえ

えを　みて　すうじを　かきましょう。

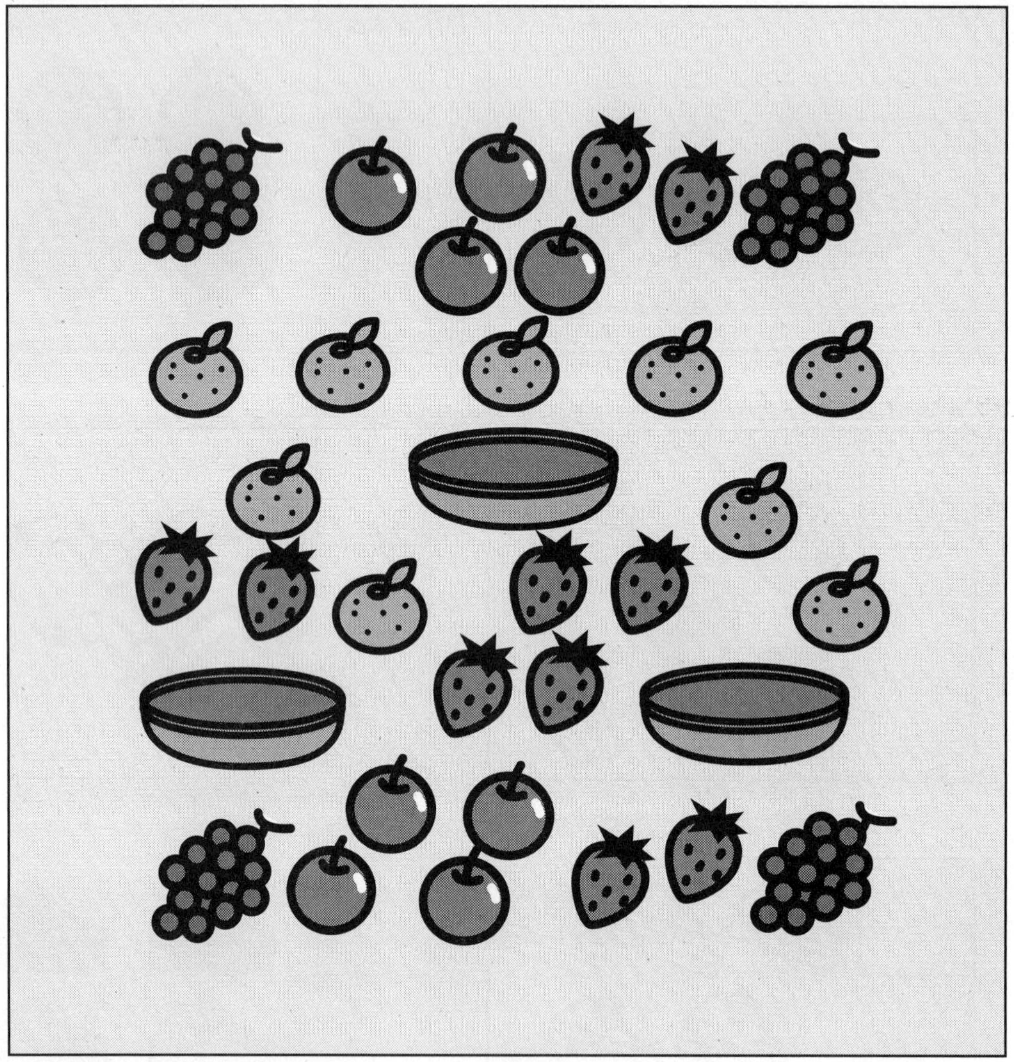

3

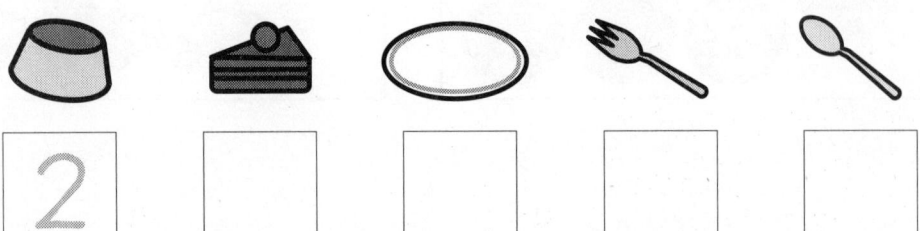

1 なかまづくりとかず ⑰ なまえ

えの　かずと　おなじ　すうじを　せんで　つなげましょう。

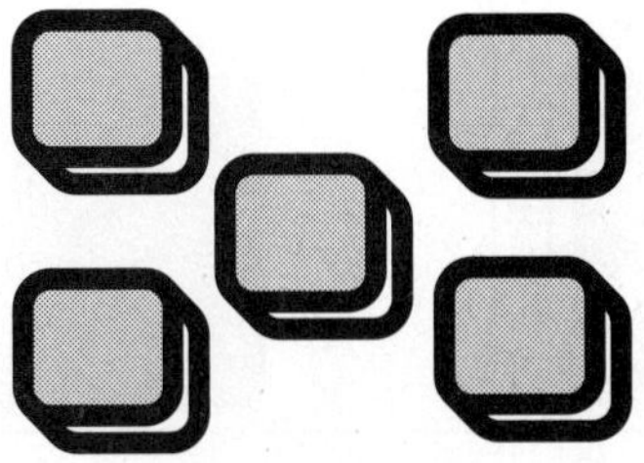 ・　・1

 ・　・5

 ・　・9

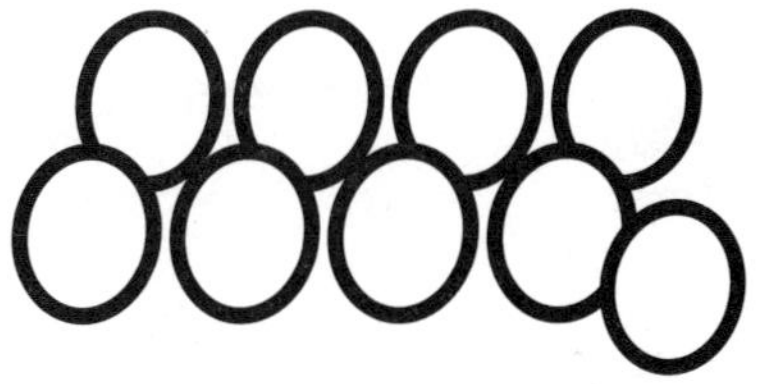 ・　・3

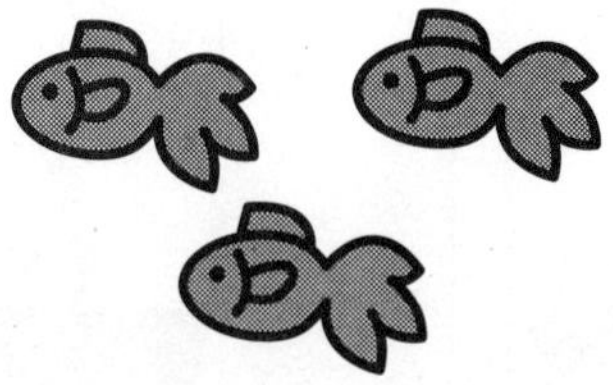 ・　・7

1 なかまづくりとかず ⑱ なまえ

えの　かずと　おなじ　すうじを　せんで　つなげましょう。

 ・　・2

 ・　・6

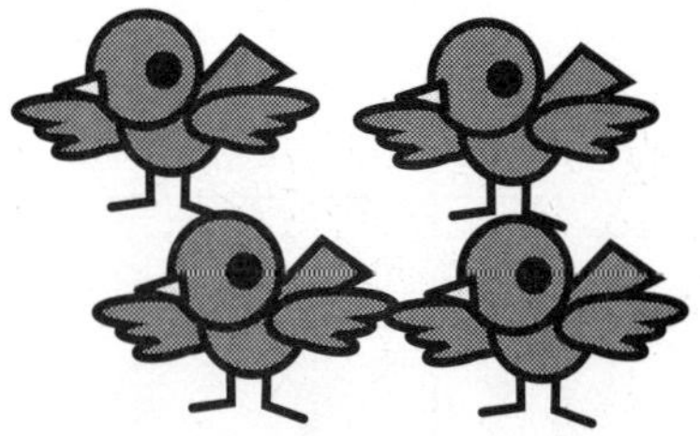 ・　・8

 ・　・10

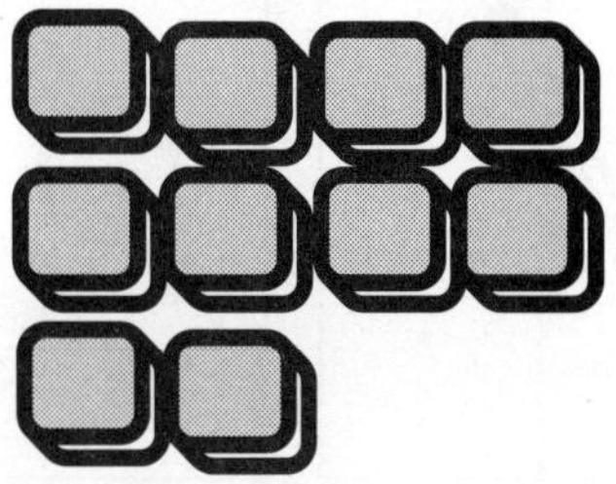 ・　・4

1 なかまづくりとかず ⑲

なまえ

1　0を　みつけ、○を　つけましょう。

①

(　　)　(　　)　(　　)

②

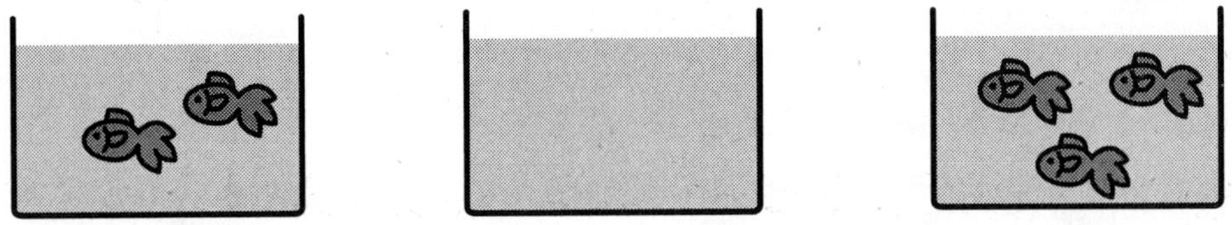

(　　)　(　　)　(　　)

2　すうじを　なぞりましょう。

0

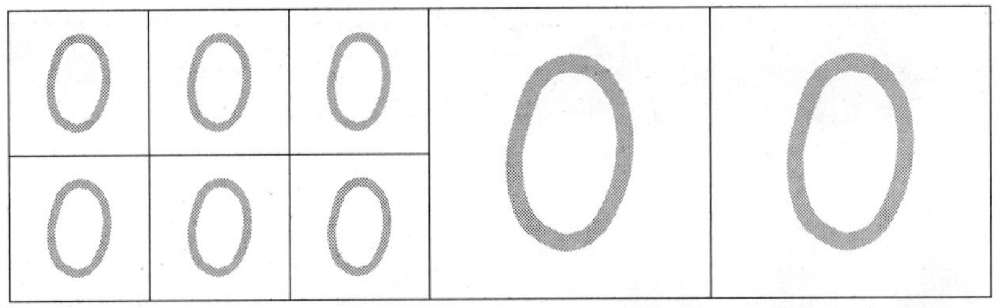

3　えを　みて　すうじを　かきましょう。

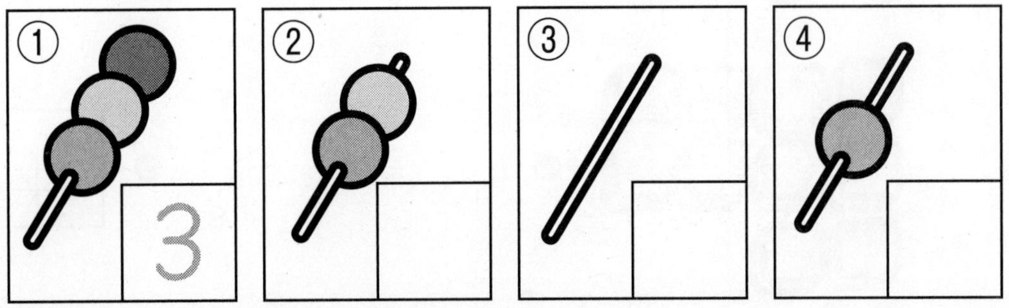

1 なかまづくりとかず ⑳

なまえ

えを　みて　すうじを　かきましょう。

①

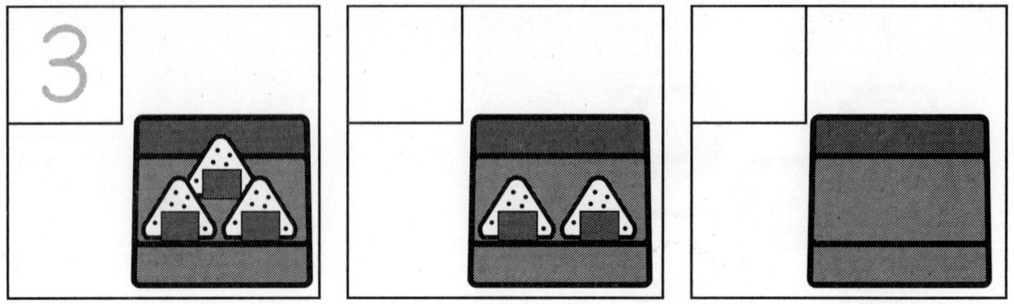

②

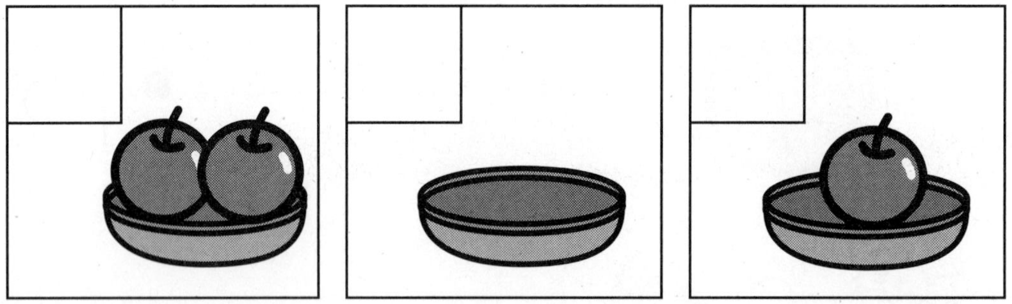

③

④

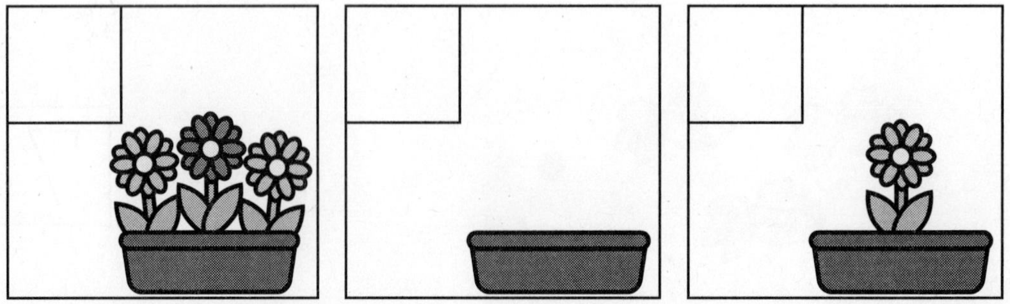

1 なかまづくりとかず ㉑ なまえ

□に　はいる　すうじを　かきましょう。

① 1 ⇒ 2 ⇒ 3 ⇒ 4 ⇒ 5 ⇒ 6

② 3 ⇒ 4 ⇒ □ ⇒ □ ⇒ 7 ⇒ 8

③ 2 ⇒ 3 ⇒ □ ⇒ 5 ⇒ □ ⇒ 7

④ 4 ⇒ □ ⇒ □ ⇒ 7 ⇒ □ ⇒ □

⑤ 5 ⇒ □ ⇒ 7 ⇒ □ ⇒ 9 ⇒ □

⑥ □ ⇒ 4 ⇒ □ ⇒ 6 ⇒ □ ⇒ 8

⑦ □ ⇒ □ ⇒ 7 ⇒ 8 ⇒ □ ⇒ □

1 なかまづくりとかず ㉒ なまえ

□に　はいる　すうじを　かきましょう。

① 10 ⇒ 9 ⇒ □ ⇒ 7 ⇒ 6 ⇒ □

② 9 ⇒ 8 ⇒ □ ⇒ 6 ⇒ □ ⇒ 4

③ 8 ⇒ 7 ⇒ □ ⇒ □ ⇒ 4 ⇒ 3

④ 10 ⇒ □ ⇒ 8 ⇒ □ ⇒ 6 ⇒ □

⑤ 6 ⇒ 5 ⇒ □ ⇒ □ ⇒ □ ⇒ 1

⑥ □ ⇒ 6 ⇒ □ ⇒ □ ⇒ 3 ⇒ □

⑦ □ ⇒ 9 ⇒ □ ⇒ 7 ⇒ □ ⇒ 5

2 なんばんめ ①

なまえ

かけっこを　しました。
えを　みて　はたに　すうじを　かきましょう。

2 なんばんめ ②

なまえ

えを　○で　かこみましょう。

① まえから　3びき

② まえから　4ひき

③ まえから　2ひき

④ まえから　5ひき

2 なんばんめ ③

なまえ

えに　○を　つけましょう。

① まえから　2だいめ

② まえから　4だいめ

③ まえから　3だいめ

④ まえから　6だいめ

⑤ まえから　1だいめ

2 なんばんめ ④

なまえ

えに　○を　つけましょう。

① うしろから　2だいめ

② うしろから　4だいめ

③ うしろから　3だいめ

④ うしろから　6だいめ

⑤ うしろから　1だいめ

2 なんばんめ ⑤

なまえ

えに　○を　つけましょう。

① うえから 2ばんめ　② うえから 3ばんめ　③ うえから 7ばんめ

2 なんばんめ ⑥

なまえ

えに　○を　つけましょう。

① したから 2ばんめ　② したから 4ばんめ　③ したから 6ばんめ

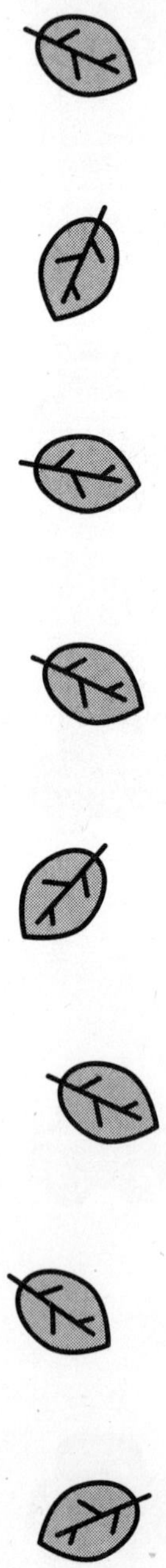

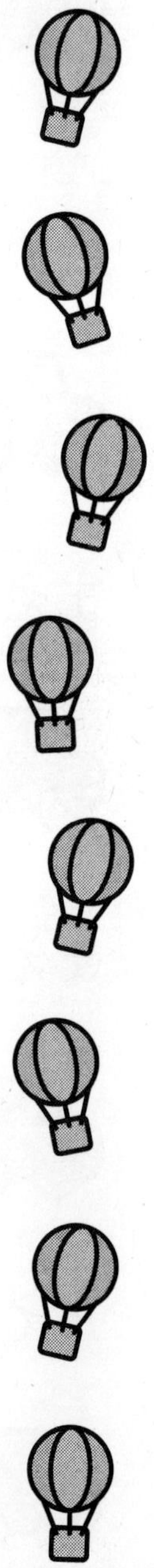

2 なんばんめ ⑦

なまえ

❀ えに ○を つけましょう。

① ひだりから 2ばんめ

② ひだりから 3ばんめ

③ ひだりから 4ばんめ

④ ひだりから 8ばんめ

⑤ ひだりから 6ばんめ

2 なんばんめ ⑧

なまえ

❀ えに ○を つけましょう。

① みぎから 2ばんめ

② みぎから 3ばんめ

③ みぎから 4ばんめ

④ みぎから 8ばんめ

⑤ みぎから 5ばんめ

2 なんばんめ ⑨

なまえ

✿ えは　なんばんめでしょう。

①  は　みぎから　5 ばんめ　です。

また　ひだりから　2 ばんめ　です。

②  は　みぎから　□ ばんめ　です。

また　ひだりから　□ ばんめ　です。

③  は　みぎから　□ ばんめ　です。

また　ひだりから　□ ばんめ　です。

④  は　みぎから　□ ばんめ　です。

また　ひだりから　□ ばんめ　です。

2 なんばんめ ⑩

なまえ

✿ えは　なんばんめでしょう。

①  は　うえから　2 ばんめ　です。

また　したから　5 ばんめ　です。

②  は　うえから　□ ばんめ　です。

また　したから　□ ばんめ　です。

③  は　うえから　□ ばんめ　です。

また　したから　□ ばんめ　です。

④  は　うえから　□ ばんめ　です。

また　したから　□ ばんめ　です。

⑤  は　うえから　□ ばんめ　です。

また　したから　□ ばんめ　です。

3 いくつと いくつ ① なまえ

1 4は いくつと いくつですか。

① ●○○○ ●が [1] こ、○が [3] こ

② ●●○○ ●が [ ] こ、○が [ ] こ

③ ●●●○ ●が [ ] こ、○が [ ] こ

2 4は いくつと いくつですか。

① [4] は [1] と [ ]　② [4] は [ ] と [3]

③ [4] は [ ] と [2]　④ [4] は [ ] と [2]

⑤ [4] は [3] と [ ]　⑥ [4] は [ ] と [1]

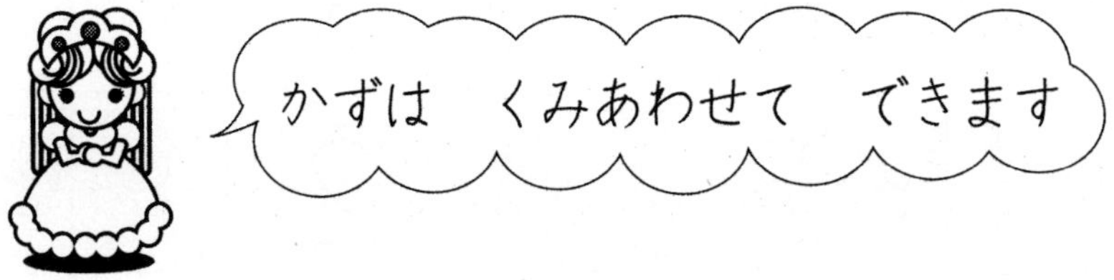

3 いくつと いくつ ② なまえ

1 5は いくつと いくつですか。

① ●○○○○ ●が [ ] こ、○が [ ] こ

② ●●○○○ ●が [ ] こ、○が [ ] こ

③ ●●●○○ ●が [ ] こ、○が [ ] こ

④ ●●●●○ ●が [ ] こ、○が [ ] こ

2 5は いくつと いくつですか。

① [5] は [3] と [ ]　② [5] は [ ] と [2]

③ [5] は [2] と [ ]　④ [5] は [ ] と [3]

⑤ [5] は [1] と [ ]　⑥ [5] は [ ] と [4]

⑦ [5] は [4] と [ ]　⑧ [5] は [ ] と [1]

3 いくつといくつ ③　なまえ

1　6は　いくつと　いくつですか。

① ●○○○○○　●が □ こ、○が □ こ

② ●●○○○○　●が □ こ、○が □ こ

③ ●●●○○○　●が □ こ、○が □ こ

④ ●●●●○○　●が □ こ、○が □ こ

⑤ ●●●●●○　●が □ こ、○が □ こ

2　6は　いくつと　いくつですか。

① 6 は 1 と □　　② 6 は □ と 4

③ 6 は 3 と □　　④ 6 は □ と 2

⑤ 6 は 2 と □　　⑥ 6 は □ と 3

⑦ 6 は 4 と □　　⑧ 6 は □ と 1

3 いくつといくつ ④　なまえ

1　7は　いくつと　いくつですか。

① ●○○○○○○　●が □ こ、○が □ こ

② ●●○○○○○　●が □ こ、○が □ こ

③ ●●●○○○○　●が □ こ、○が □ こ

④ ●●●●○○○　●が □ こ、○が □ こ

⑤ ●●●●●○○　●が □ こ、○が □ こ

⑥ ●●●●●●○　●が □ こ、○が □ こ

2　7は　いくつと　いくつですか。

① 7 は 1 と □, 6 と □, 3 と □
4 と □, 5 と □, 2 と □

② 7 は □ と 6, □ と 3, □ と 4
□ と 5, □ と 2, □ と 1

3 いくつといくつ ⑤

なまえ

1 8は　いくつと　いくつですか。

① ●○○○○○○○　●が □ こ、○が □ こ

② ●●○○○○○○　●が □ こ、○が □ こ

③ ●●●○○○○○　●が □ こ、○が □ こ

④ ●●●●○○○○　●が □ こ、○が □ こ

⑤ ●●●●●○○○　●が □ こ、○が □ こ

⑥ ●●●●●●○○　●が □ こ、○が □ こ

⑦ ●●●●●●●○　●が □ こ、○が □ こ

2 8は　いくつと　いくつですか。

8 は 1 と □, 2 と □, 3 と □

4 と □, 5 と □, 6 と □

7 と □

3 いくつといくつ ⑥

なまえ

1 9は　いくつと　いくつですか。

① ●○○○○○○○○　●が □ こ、○が □ こ

② ●●○○○○○○○　●が □ こ、○が □ こ

③ ●●●○○○○○○　●が □ こ、○が □ こ

④ ●●●●○○○○○　●が □ こ、○が □ こ

⑤ ●●●●●○○○○　●が □ こ、○が □ こ

⑥ ●●●●●●○○○　●が □ こ、○が □ こ

⑦ ●●●●●●●○○　●が □ こ、○が □ こ

⑧ ●●●●●●●●○　●が □ こ、○が □ こ

2 9は　いくつと　いくつですか。

9 は 1 と □, 2 と □, 3 と □

4 と □, 5 と □, 6 と □

7 と □, 8 と □

3 いくつといくつ ⑦

なまえ

10は　いくつと　いくつですか。

① ●○○○○○○○○○　●が□こ、○が□こ

② ●●○○○○○○○○　●が□こ、○が□こ

③ ●●●○○○○○○○　●が□こ、○が□こ

④ ●●●●○○○○○○　●が□こ、○が□こ

⑤ ●●●●●○○○○○　●が□こ、○が□こ

⑥ ●●●●●●○○○○　●が□こ、○が□こ

⑦ ●●●●●●●○○○　●が□こ、○が□こ

⑧ ●●●●●●●●○○　●が□こ、○が□こ

⑨ ●●●●●●●●●○　●が□こ、○が□こ

3 いくつといくつ ⑧

なまえ

10は　いくつと　いくつですか。

① 10は 1 と 9　　② 10は □ と 3

③ 10は 6 と □　　④ 10は □ と 7

⑤ 10は 5 と □　　⑥ 10は □ と 8

⑦ 10は 7 と □　　⑧ 10は □ と 9

⑨ 10は 4 と □　　⑩ 10は □ と 1

⑪ 10は 2 と □　　⑫ 10は □ と 5

⑬ 10は 9 と □　　⑭ 10は □ と 2

⑮ 10は 3 と □　　⑯ 10は □ と 4

⑰ 10は 8 と □　　⑱ 10は □ と 6

3 いくつといくつ ⑨

なまえ

□に　はいる　すうじを　かきましょう。

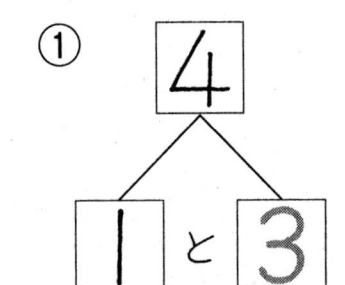

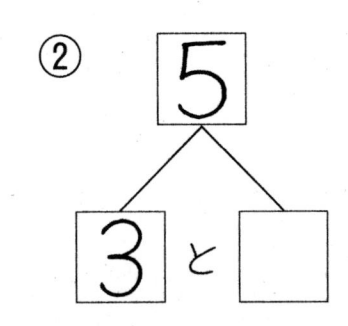

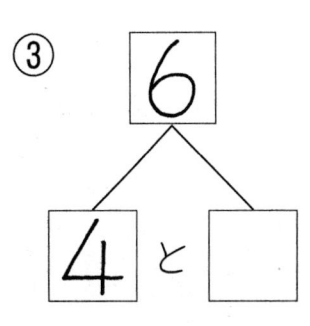

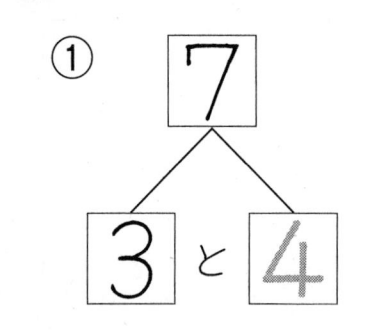

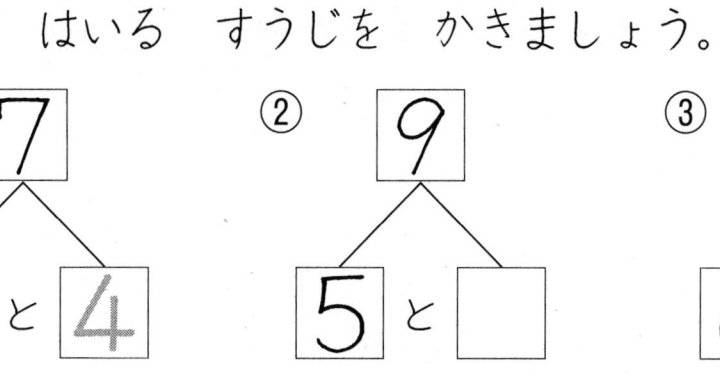

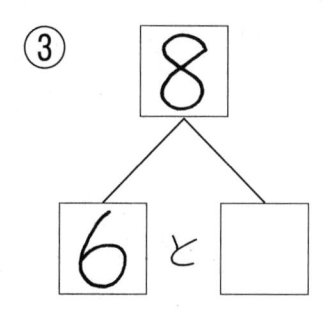

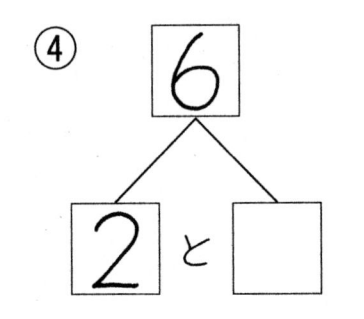

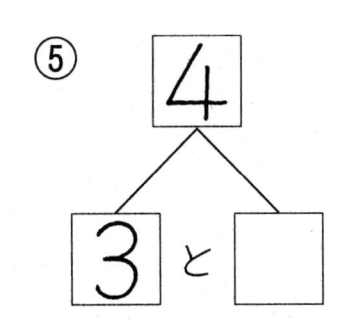

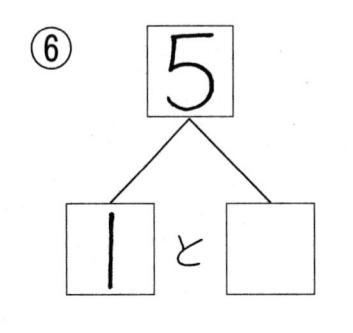

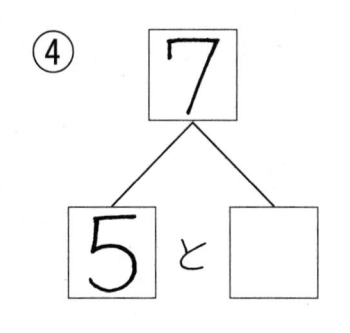

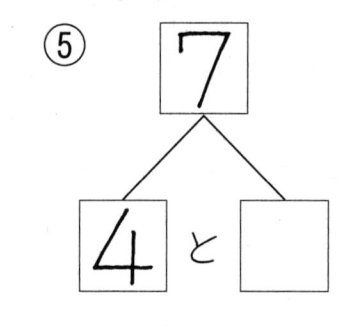

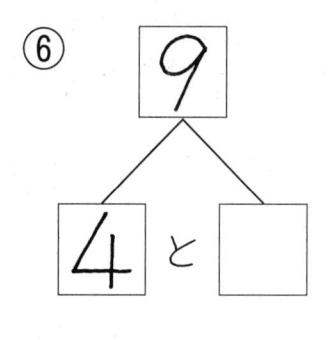

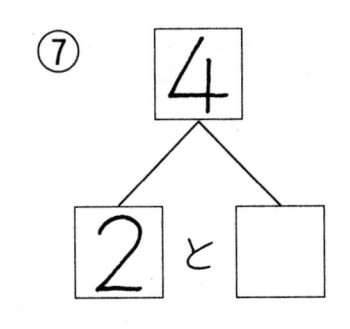

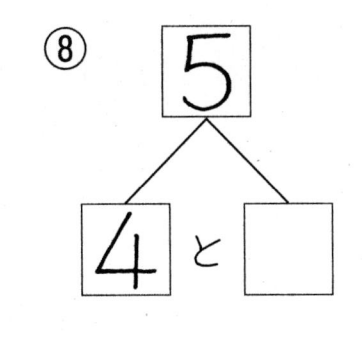

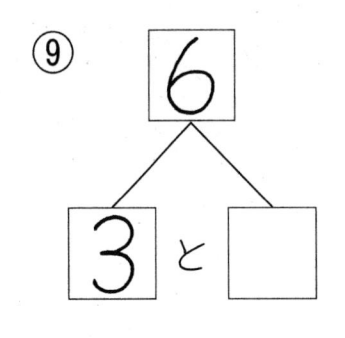

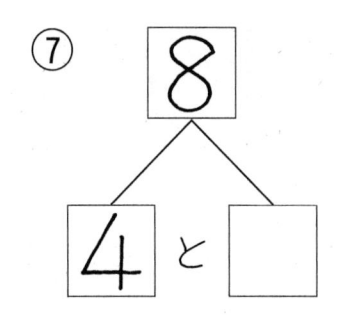

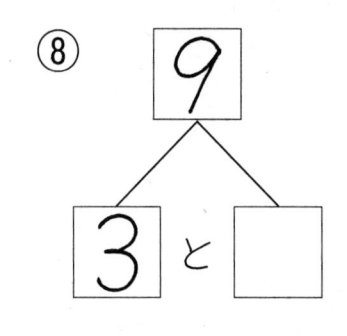

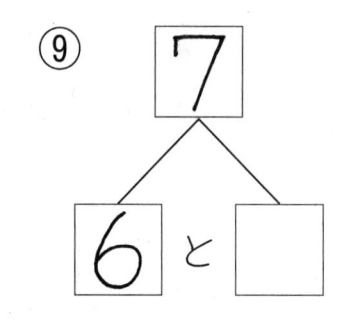

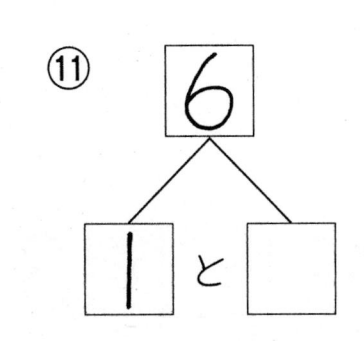

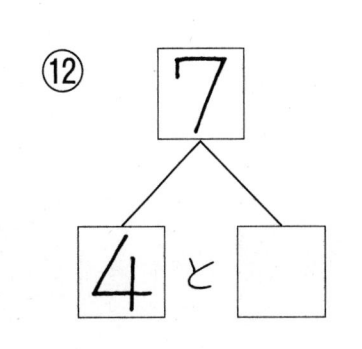

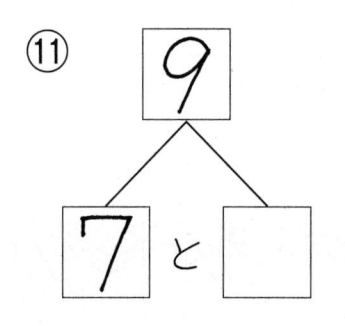

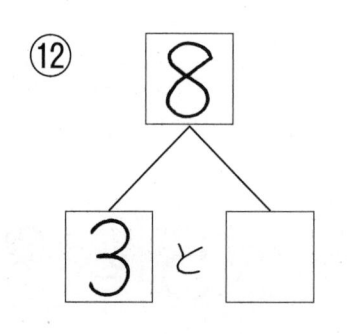

① 4 ― 1 と 3

② 5 ― 3 と □

③ 6 ― 4 と □

④ 6 ― 2 と □

⑤ 4 ― 3 と □

⑥ 5 ― 1 と □

⑦ 4 ― 2 と □

⑧ 5 ― 4 と □

⑨ 6 ― 3 と □

⑩ 5 ― 2 と □

⑪ 6 ― 1 と □

⑫ 7 ― 4 と □

3 いくつといくつ ⑩

なまえ

□に　はいる　すうじを　かきましょう。

① 7 ― 3 と 4

② 9 ― 5 と □

③ 8 ― 6 と □

④ 7 ― 5 と □

⑤ 7 ― 4 と □

⑥ 9 ― 4 と □

⑦ 8 ― 4 と □

⑧ 9 ― 3 と □

⑨ 7 ― 6 と □

⑩ 8 ― 5 と □

⑪ 9 ― 7 と □

⑫ 8 ― 3 と □

3 いくつと いくつ ⑪

なまえ

□に はいる すうじを かきましょう。

① 7 ／ 3 と 4

② □ ／ 3 と 6

③ □ ／ 2 と 6

④ □ ／ 1 と 7

⑤ □ ／ 8 と 1

⑥ □ ／ 5 と 2

⑦ □ ／ 2 と 7

⑧ □ ／ 1 と 6

⑨ □ ／ 2 と 5

⑩ □ ／ 5 と 3

⑪ □ ／ 4 と 4

⑫ □ ／ 4 と 5

3 いくつと いくつ ⑫

なまえ

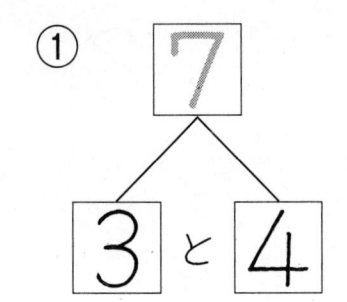

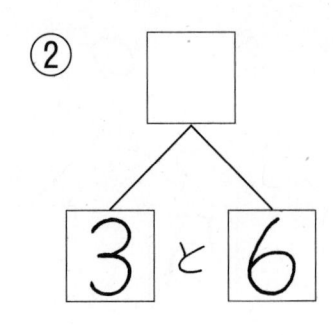

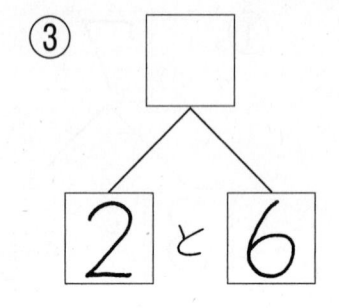

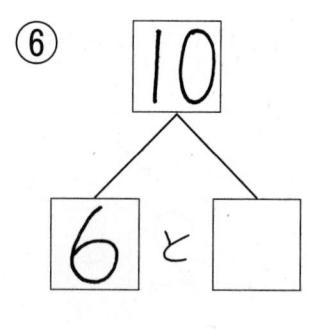

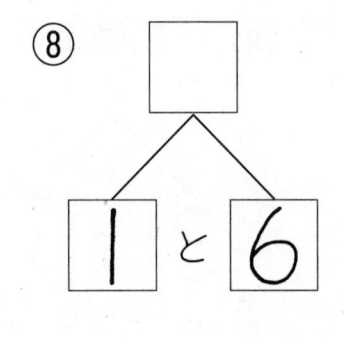

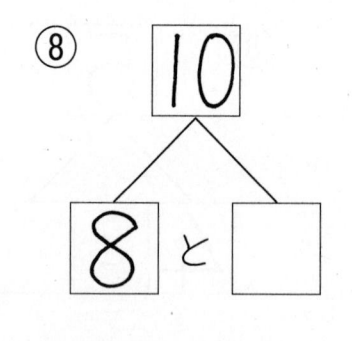

□に はいる すうじを かきましょう。

① 10 ／ 2 と □

② 10 ／ □ と 6

③ 10 ／ 9 と □

④ □ ／ 5 と 5

⑤ 10 ／ □ と 7

⑥ 10 ／ 6 と □

⑦ □ ／ 1 と 9

⑧ 10 ／ 8 と □

⑨ □ ／ 7 と 3

⑩ 10 ／ □ と 4

⑪ 10 ／ □ と 3

⑫ 10 ／ 5 と □

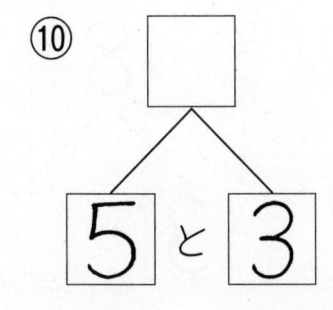

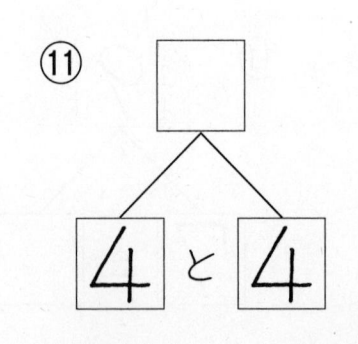

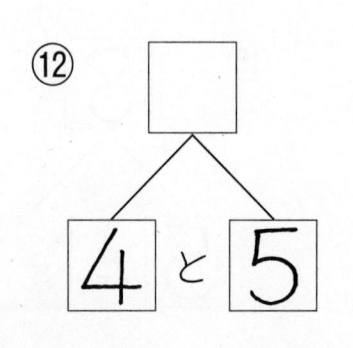

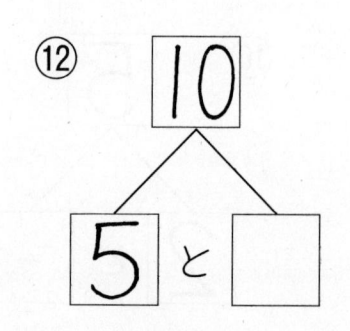

4 あわせていくつ ①

なまえ

あわせて　いくつに　なりますか。

①

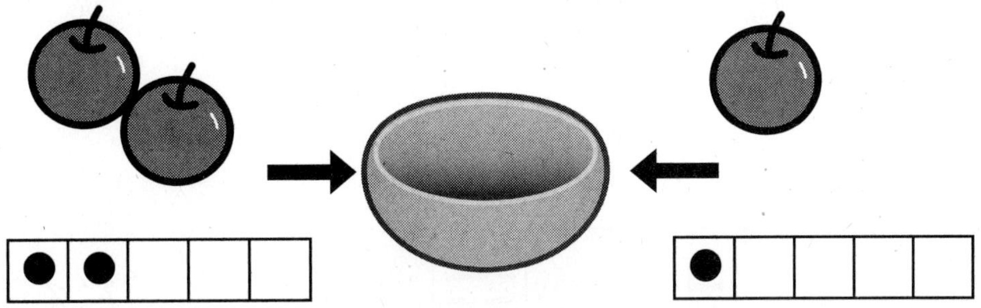

あわせて 3 こ

②

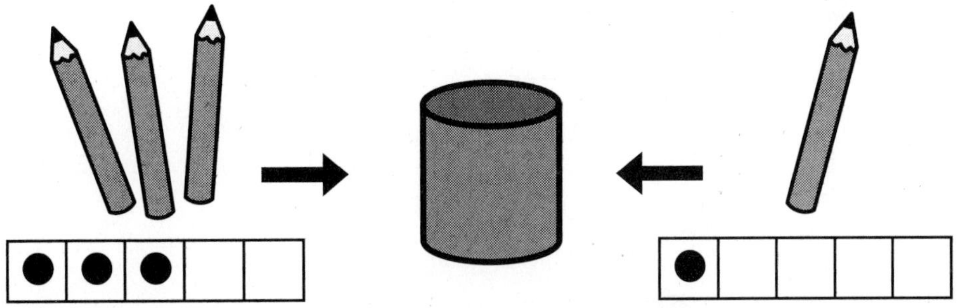

あわせて □ ほん

③

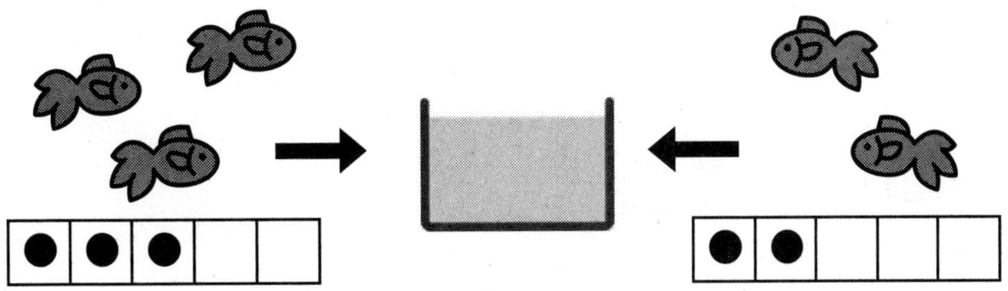

あわせて □ ひき

4 あわせていくつ ②

なまえ

あわせて　いくつに　なりますか。しきと　こたえを　かきましょう。

①

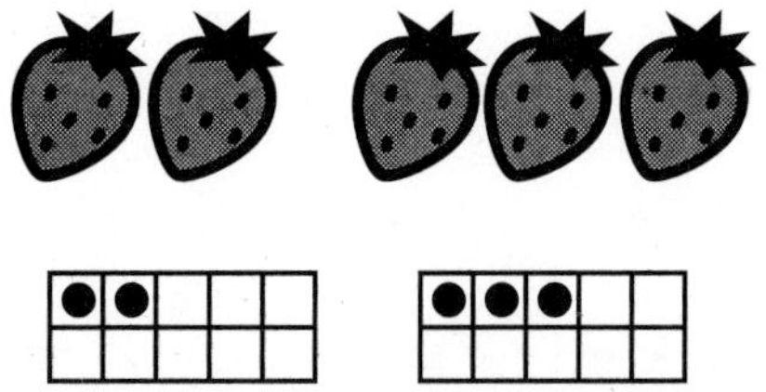

しき 2＋3＝5　　こたえ 5 こ

2　たす　3　は

②

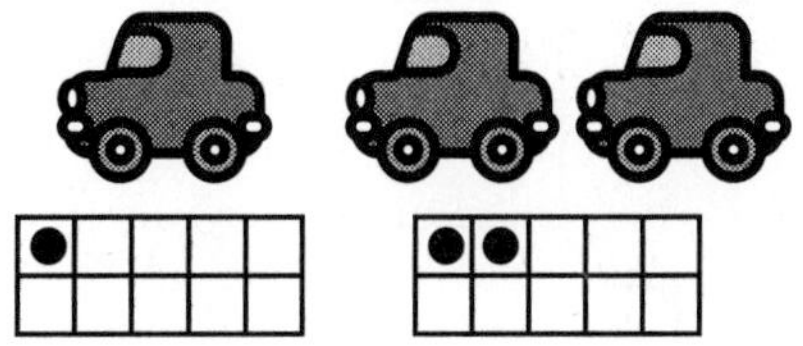

しき □＋□＝□　　こたえ　　だい

1　たす　2　は

③

しき □＋□＝□　　こたえ　　ひき

2　たす　2　は

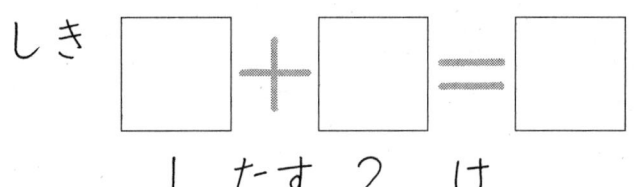

4 あわせていくつ ③

なまえ

あわせて　いくつに　なりますか。しきと　こたえを　かきましょう。

①

しき　3 ＋ 1 ＝ 4　　こたえ　4　こ

3　たす　1　は

②

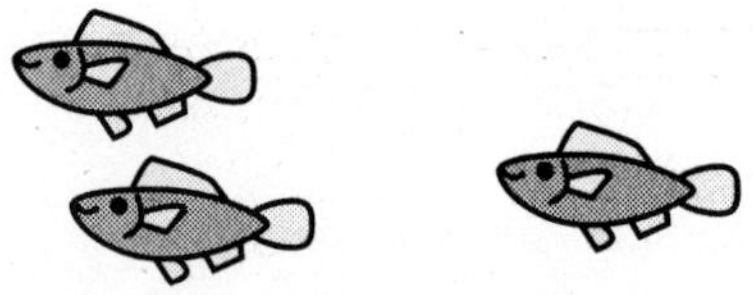

しき　□ ＋ □ ＝ □　　こたえ　　びき

2　たす　1　は

③

しき　□ ＋ □ ＝ □　　こたえ　　こ

4　たす　1　は

④

しき　□ ＋ □ ＝ □　　こたえ　　こ

3　たす　2　は

4 あわせていくつ ④

なまえ

あわせて　いくつに　なりますか。しきと　こたえを　かきましょう。

①

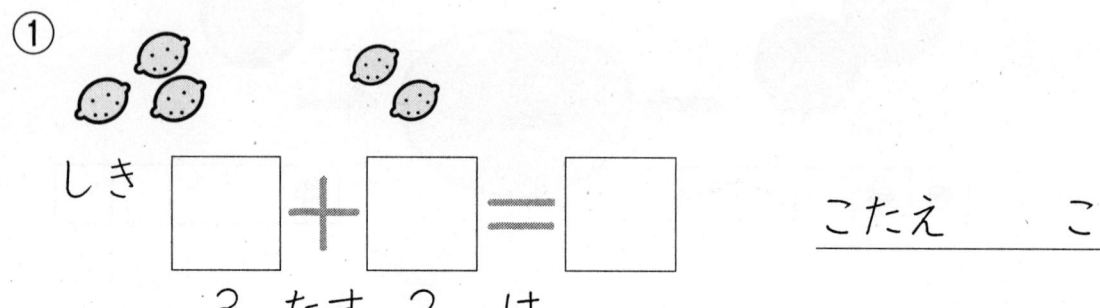

しき　□ ＋ □ ＝ □　　こたえ　　こ

3　たす　2　は

②

しき　□　□ ＝ □　　こたえ　　こ

2　たす　1　は

③

しき　□　□ ＝ □　　こたえ　　こ

1　たす　4　は

④

しき　□　□ ＝ □　　こたえ　　こ

1　たす　2　は

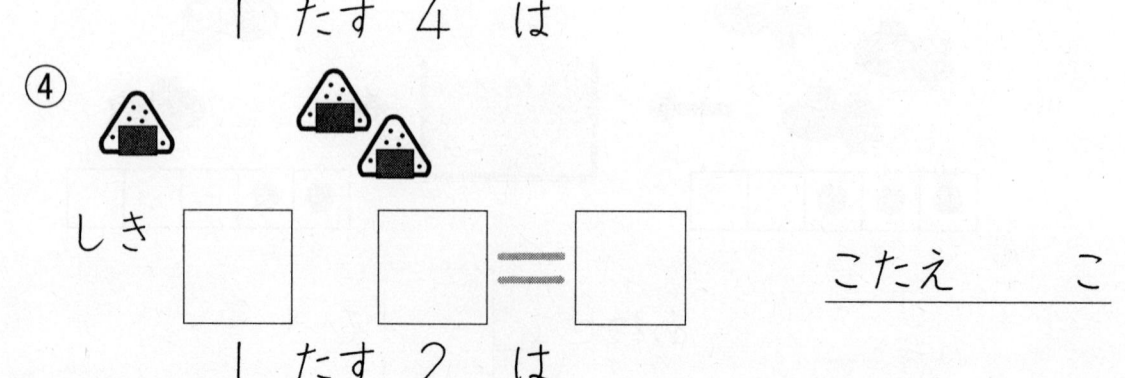

4 ふえるといくつ ⑤

なまえ

✿ ふえると　いくつに　なりますか。

①

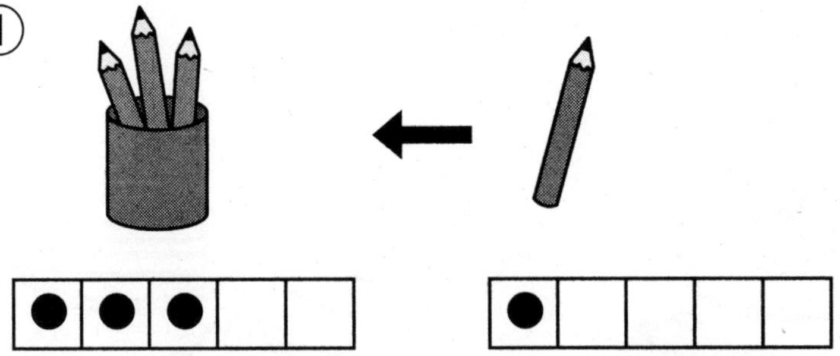

1ぽん　ふえると

4 ほん

ぜんぶで 4 ほん

②

1だい　ふえると

□ だい

ぜんぶで □ だい

③

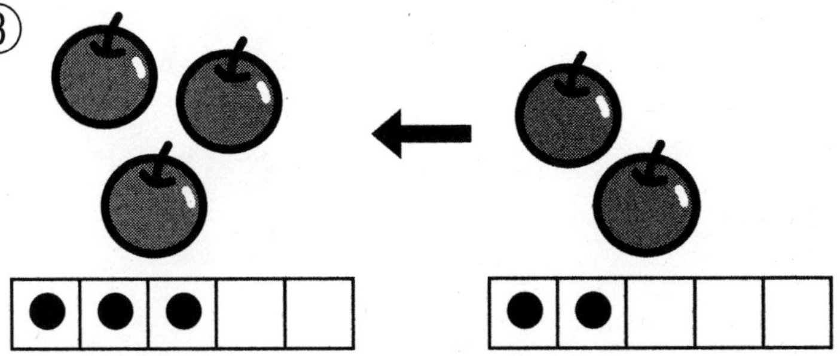

2こ　ふえると

□ こ

ぜんぶで □ こ

4 ふえるといくつ ⑥

なまえ

✿ ふえると　いくつに　なりますか。しきと　こたえを　かきましょう。

①

しき　5 ＋ 3 ＝ 8

5　たす　3　は

こたえ 8 こ

②

しき　□ ＋ □ ＝ □

1　たす　5　は

こたえ　　だい

③

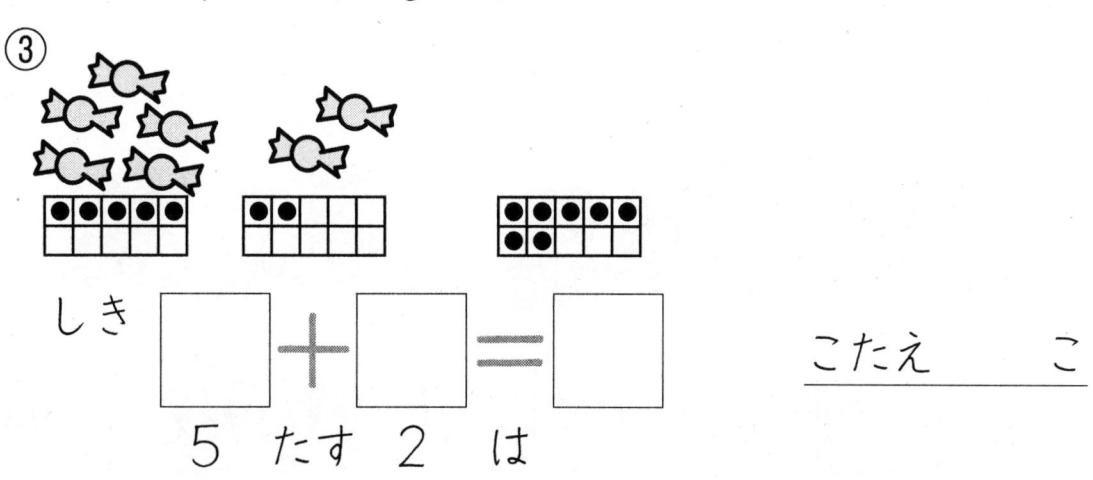

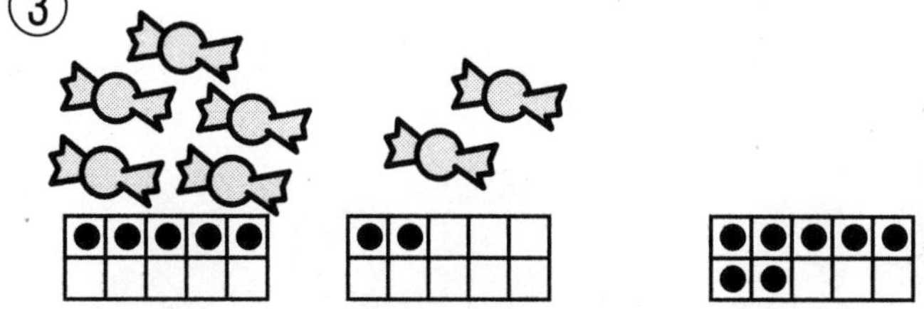

しき　□ ＋ □ ＝ □

5　たす　2　は

こたえ　　こ

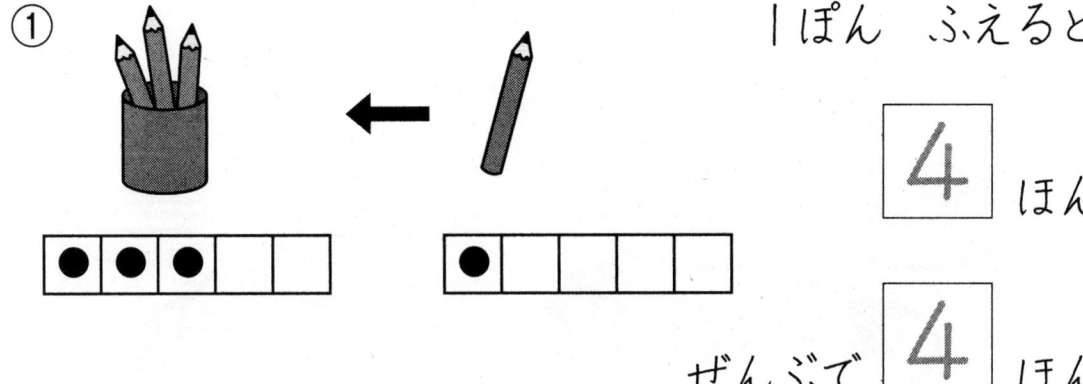

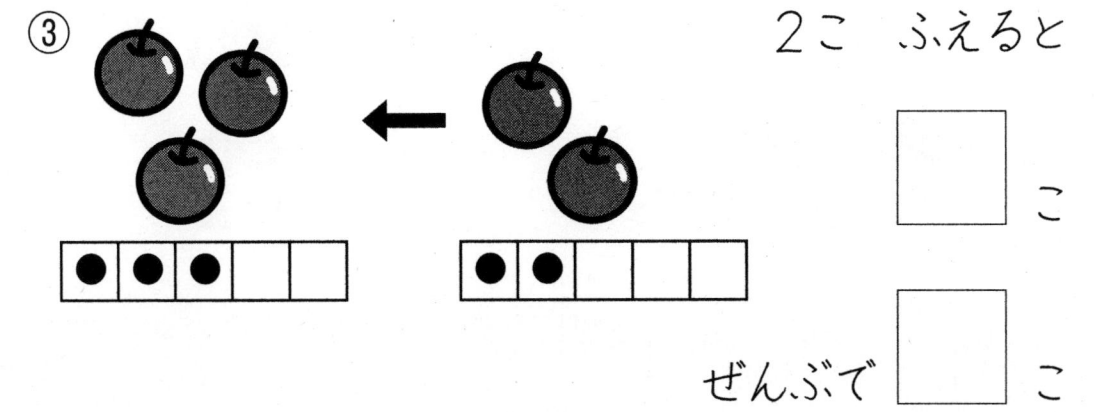

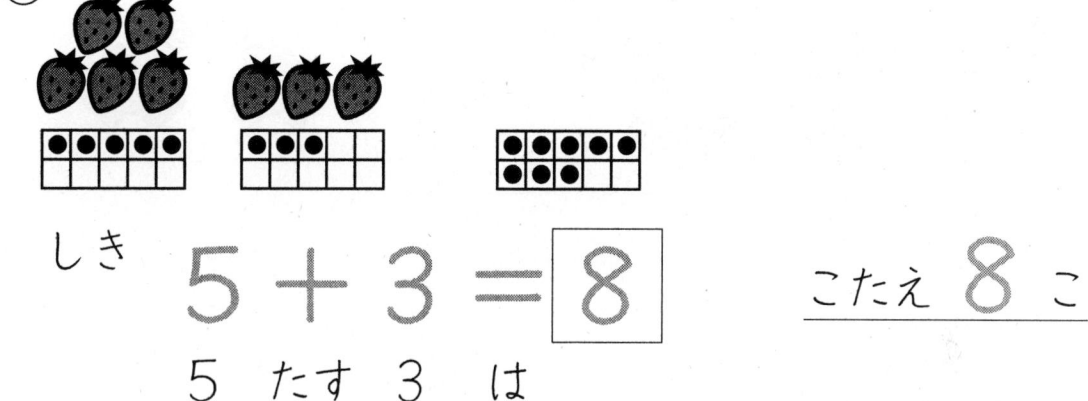

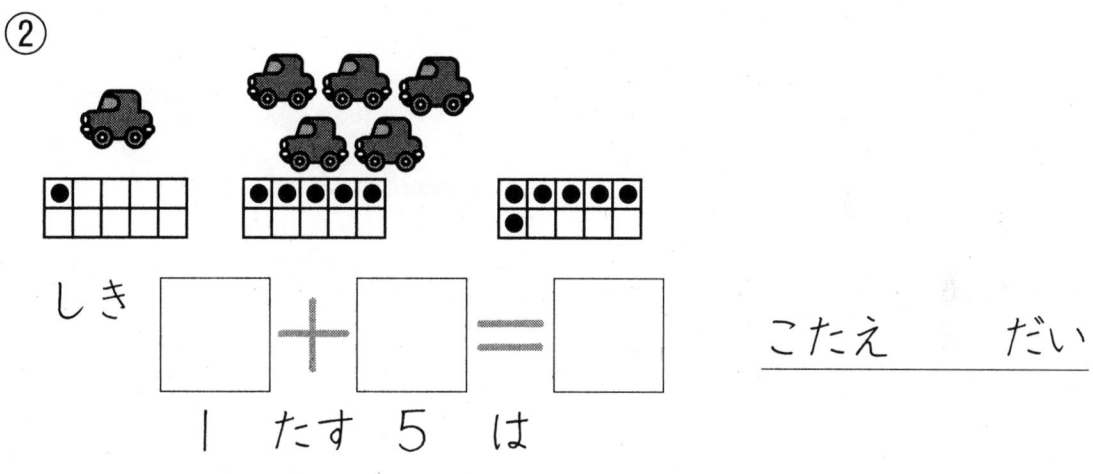

4 ふえるといくつ ⑦

なまえ

1 くるまが　6だい　あります。そこへ　3だい　くると　ぜんぶで　なんだいに　なりますか。

しき 6＋3＝9　　こたえ 9 だい

2 とりが　4わ　います。そこへ　3わ　くると　ぜんぶで　なんわに　なりますか。

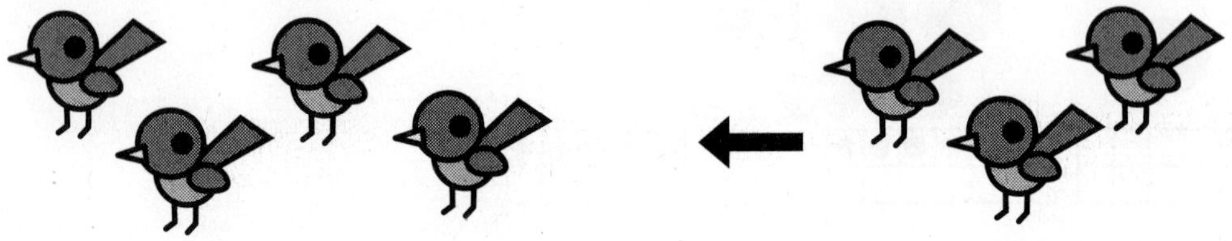

しき □＋□＝□　　こたえ　　わ

3 かえるが　5ひき　います。そこへ　3びき　くると　ぜんぶで　なんびきに　なりますか。

しき □＋□＝□　　こたえ　　ひき

4 ふえるといくつ ⑧

なまえ

1 チョコレートケーキが　4こ　あります。
いちごのケーキが　3こ　あります。
ケーキは、ぜんぶで　なんこ　ありますか。

しき □＋□＝□　　こたえ　　こ

2 こうえんに　こどもが　6にん　います。
4にん　きました。
こどもは、みんなで　なんにんに　なりましたか。

しき □＋□＝□　　こたえ　　にん

4 たしざん ⑨

なまえ

たしざんを　しましょう。

① $1+3=$ □

② $2+1=$ □

③ $3+2=$ □

④ $4+1=$ □

⑤ $5+4=$ □

⑥ $6+2=$ □

⑦ $2+7=$ □

⑧ $8+1=$ □

4 たしざん ⑩

なまえ

たしざんを　しましょう。

① $6+4=$ □

② $4+3=$ □

③ $3+3=$ □

④ $3+7=$ □

⑤ $5+5=$ □

⑥ $6+3=$ □

⑦ $4+4=$ □

⑧ $8+2=$ □

4 たしざん ⑪

なまえ

ずを　みて　しきと　こたえを　かきましょう。

①

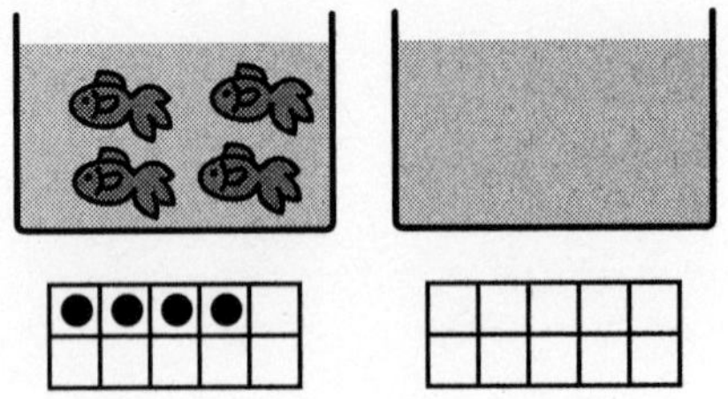

しき　4 ＋ 0 ＝ [4]　　こたえ　4 ひき

4　たす　0　は

②

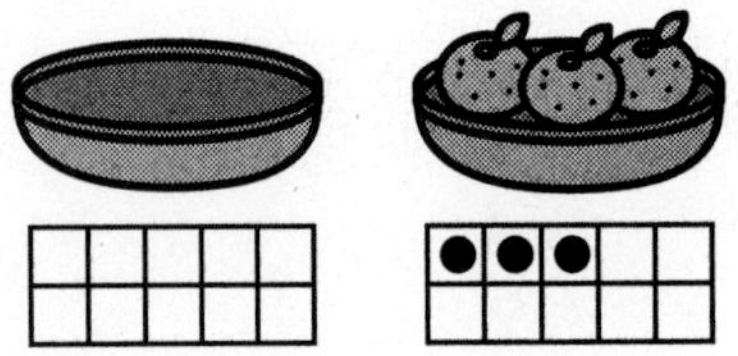

しき　□ ＋ □ ＝ □　　こたえ　　　こ

0　たす　3　は

③

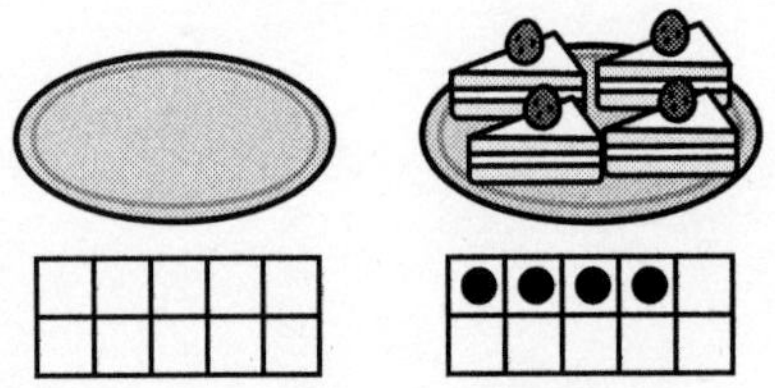

しき　□ ＋ □ ＝ □　　こたえ　　　こ

0　たす　4　は

4 たしざん ⑫

なまえ

たしざんを　しましょう。

① 0 ＋ 5 ＝ □

② 8 ＋ 2 ＝ □

③ 6 ＋ 4 ＝ □

④ 6 ＋ 0 ＝ □

⑤ 7 ＋ 3 ＝ □

⑥ 1 ＋ 9 ＝ □

⑦ 0 ＋ 7 ＝ □

⑧ 8 ＋ 0 ＝ □

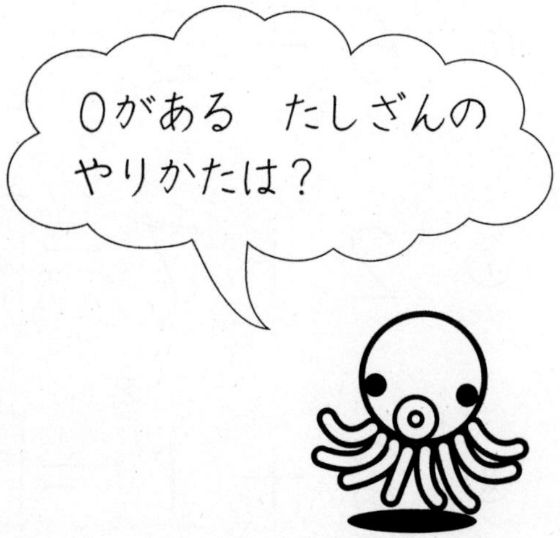

5 のこりはいくつ ①

なまえ

のこりは　いくつに　なるでしょうか。

① 4こ　から　1こ　とると

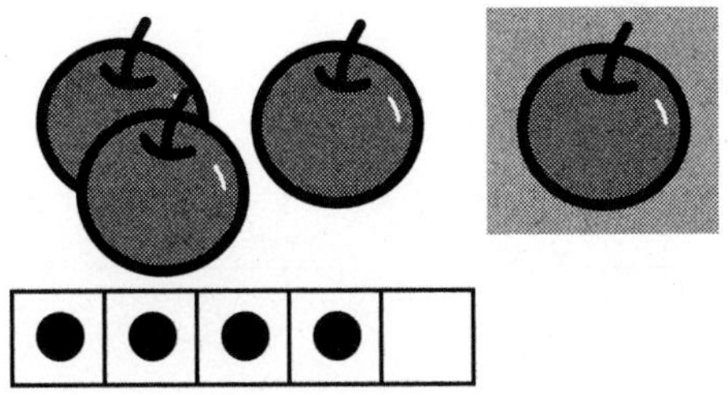

のこりは 3 こ

② 5ほん　から　2ほん　とると

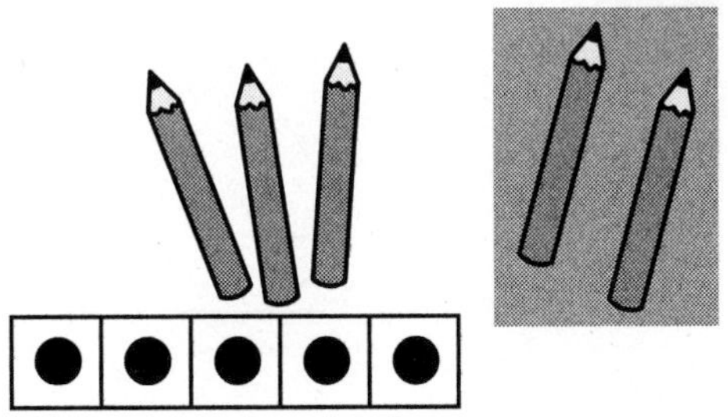

のこりは □ ぼん

③ 4ほん　から　2ほん　とると

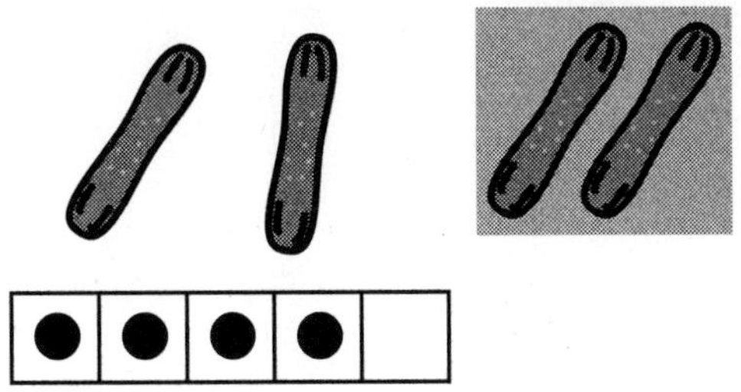

のこりは □ ほん

④ 5こ　から　4こ　とると

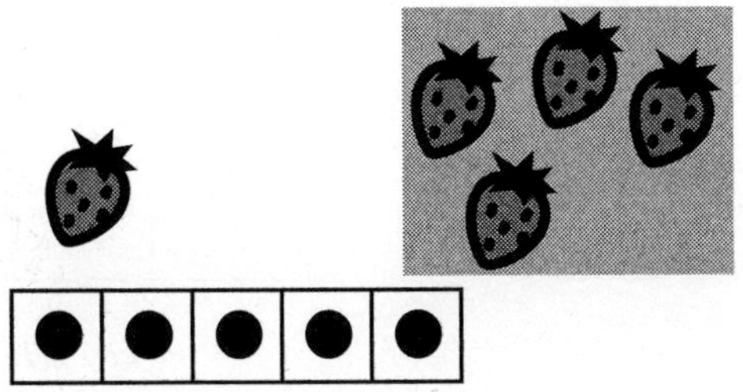

のこりは □ こ

5 のこりはいくつ ②

なまえ

ずを　みて　しきと　こたえを　かきましょう。

①

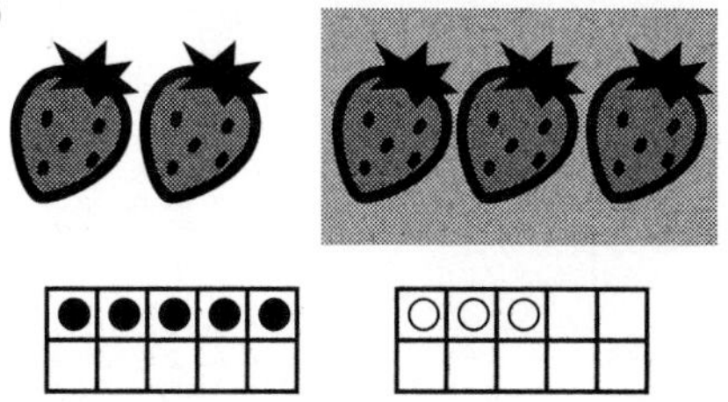

しき　5 − 3 ＝ 2

5　ひく　3　は

こたえ 2 こ

②

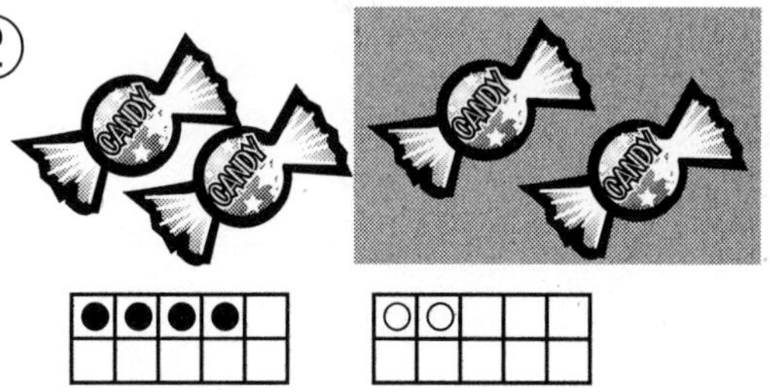

しき　□ − □ ＝ □

4　ひく　2　は

こたえ　　こ

③

しき　□ − □ ＝ □

5　ひく　2　は

こたえ　　こ

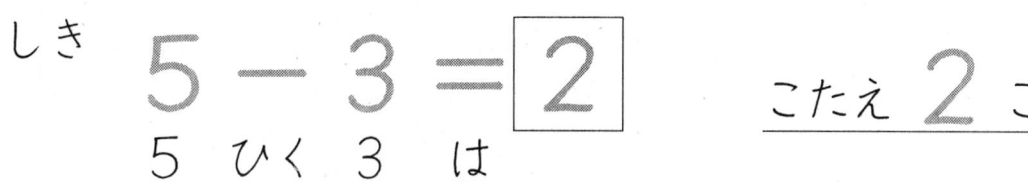

5 のこりはいくつ ③

なまえ

ずを　みて　しきと　こたえを　かきましょう。

①
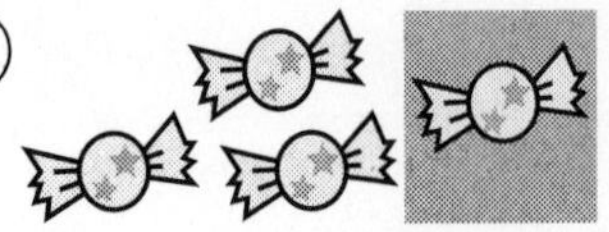
→

しき　□ − □ ＝ □　　こたえ　3　こ

4　ひく　1　は

②

→

しき　□ − □ ＝ □　　こたえ　　ひき

3　ひく　1　は

③

→

しき　□ − □ ＝ □　　こたえ　　こ

5　ひく　1　は

④
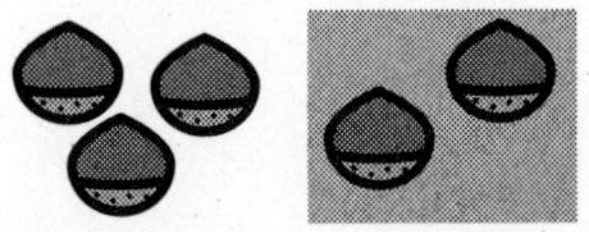
→

しき　□ − □ ＝ □　　こたえ　　こ

5　ひく　2　は

5 のこりはいくつ ④

なまえ

ずを　みて　しきと　こたえを　かきましょう。

①
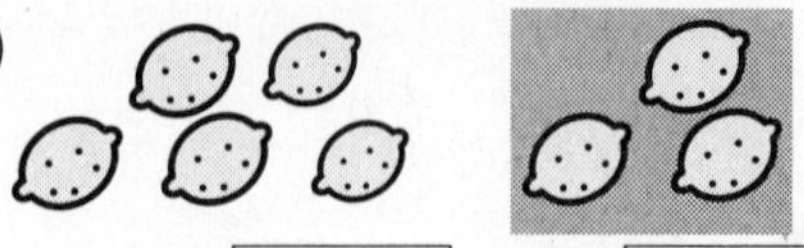
→

しき　□ − □ ＝ □　　こたえ　　こ

8　ひく　3　は

②

→

しき　□　□ ＝ □　　こたえ　　こ

6　ひく　3　は

③

→

しき　□　□ ＝ □　　こたえ　　こ

9　ひく　3　は

④

→

しき　□　□ ＝ □　　こたえ　　こ

7　ひく　2　は

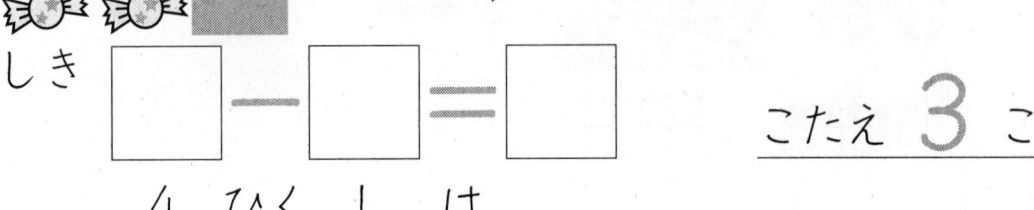

5 のこりはいくつ ⑤　なまえ

1 バスが　3だい　あります。1だい　しゅっぱつしました。のこりは　なんだいに　なりましたか。

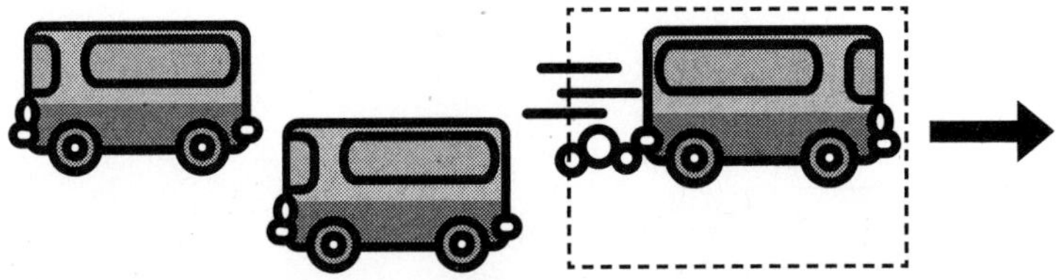

しき　□　□ ＝ □

こたえ　　だい

2 とりが　6わ　います。2わ　とんで　いきました。のこりは　なんわに　なりましたか。

しき　□　□ ＝ □

こたえ　　わ

3 はなが　5ほん　あります。2ほん　あげました。のこりは　なんぼんに　なりましたか。

しき　□　□ ＝ □

こたえ　　ぼん

5 のこりはいくつ ⑥　なまえ

1 チョコレートケーキが　4こ　あります。
3こ　たべました。
ケーキは、なんこに　なりましたか。

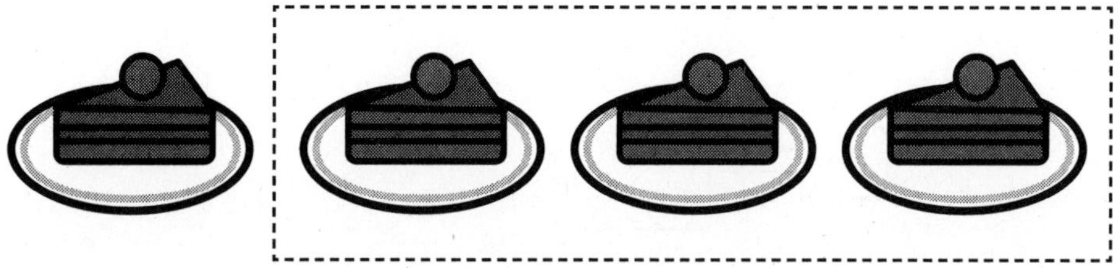

しき　□　□ ＝ □

こたえ　　こ

2 こうえんに　こどもが　5にん　います。
ふたり（2にん）　かえりました。
こどもは、なんにんに　なりましたか。

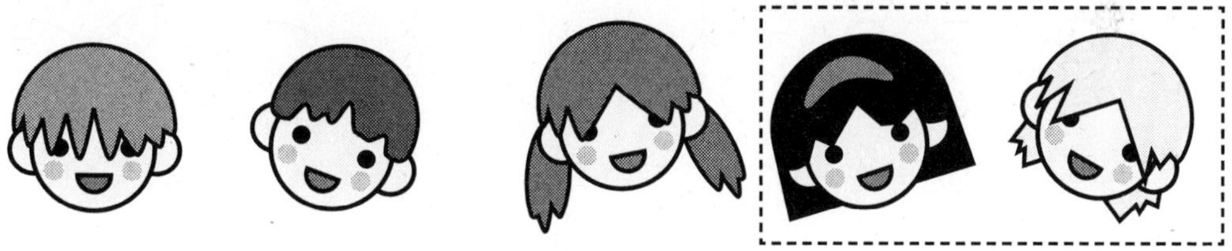

しき　□　□ ＝ □

こたえ　　にん

ひきざんの　こたえは　もとの　かずより
ちいさいです

5 のこりはいくつ ⑦

なまえ

ひきざんを　しましょう。

① 6 － 1 ＝ □

② 3 － 2 ＝ □

③ 4 － 2 ＝ □

④ 9 － 5 ＝ □

⑤ 6 － 3 ＝ □

⑥ 7 － 4 ＝ □

⑦ 8 － 2 ＝ □

⑧ 9 － 7 ＝ □

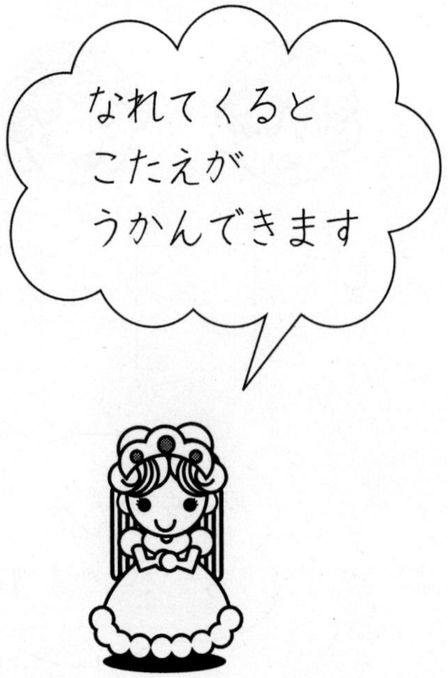

5 のこりはいくつ ⑧

なまえ

ひきざんを　しましょう。

① 6 － 2 ＝ □

② 7 － 4 ＝ □

③ 8 － 4 ＝ □

④ 9 － 3 ＝ □

⑤ 10 － 5 ＝ □

⑥ 10 － 4 ＝ □

⑦ 10 － 7 ＝ □

⑧ 10 － 2 ＝ □

5 ちがいはいくつ ⑨

なまえ

1 キャンディーが　8ほん　あります。
くしだんごが　5ほん　あります。
キャンディーは　くしだんごより　なんぼん　おおいですか。

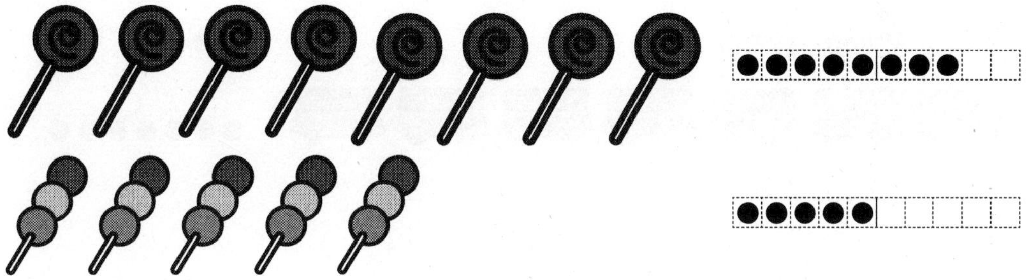

しき　8－5＝□

こたえ　　ぼん

2 にわとりが　5わ　います。
ひよこが　3わ　います。
にわとりは　ひよこより　なんわ　おおいですか。

しき　□－□＝□

こたえ　　わ

5 ちがいはいくつ ⑩

なまえ

1 みかんが　8こ　あります。
りんごが　6こ　あります。
みかんと　りんごの　ちがいは　いくつですか。

しき　□－□＝□

こたえ　　こ

2 フォークが　7ほん　あります。
スプーンが　4ほん　あります。
フォークと　スプーンの　ちがいは　いくつですか。

しき　□－□＝□

こたえ　　ぼん

5 ちがいはいくつ ⑪　なまえ

1　ケーキが　3こ　あります。
プリンが　5こ　あります。
どちらが　なんこ　おおいですか。

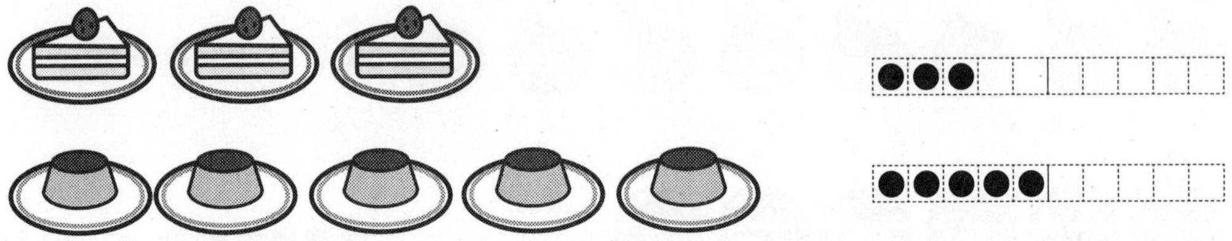

しき　5 − 3 = □

こたえ　プリンが　2こ　おおい

2　くまが　6ぴき　います。
パンダが　8ぴき　います。
どちらが　なんびき　おおいですか。

しき　□ − □ = □

こたえ　　　　が　　　ひき　おおい

5 ちがいはいくつ ⑫　なまえ

1　トラックが　3だい　あります。
バスが　7だい　あります。
どちらが　なんだい　おおいですか。

しき　□ − □ = □

こたえ　　　　が　　　だい　おおい

2　スイカが　4こ　あります。
メロンが　8こ　あります。
どちらが　なんこ　おおいですか。

しき　□ − □ = □

こたえ　　　　が　　　こ　おおい

6 10よりおおきいかず ①

なまえ

かずを　かぞえましょう。

①

●	●	●	●	●	●	●	●	●	●
									●

10 と 1　11

②

●	●	●	●	●	●	●	●	●	●
								●	●

と

③

●	●	●	●	●	●	●	●	●	●
							●	●	●

と

④

●	●	●	●	●	●	●	●	●	●
						●	●	●	●

と

⑤
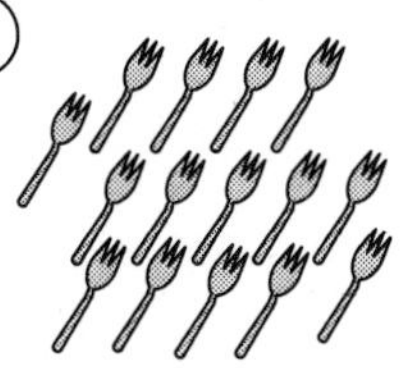

●	●	●	●	●	●	●	●	●	●
					●	●	●	●	●

と

⑥

●	●	●	●	●	●	●	●	●	●

と

6 10よりおおきいかず ②

なまえ

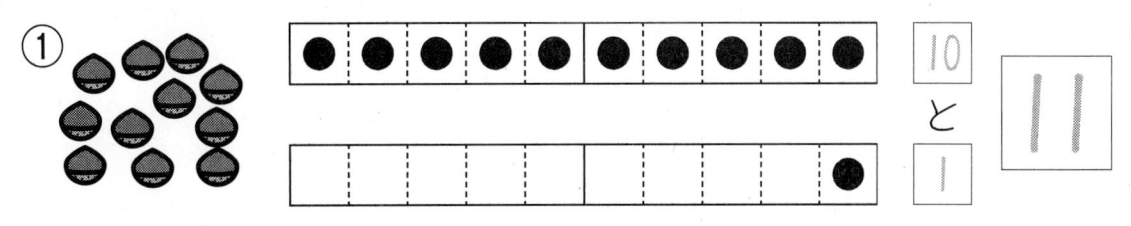

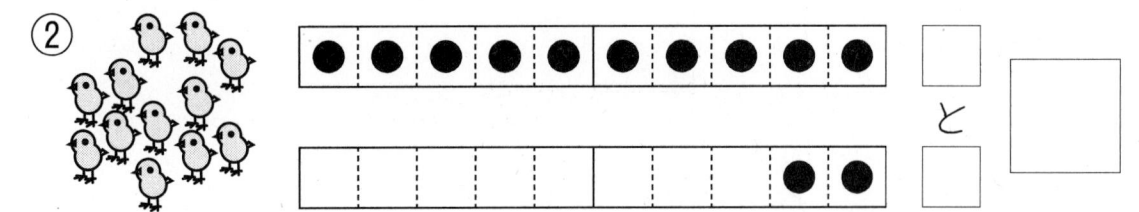

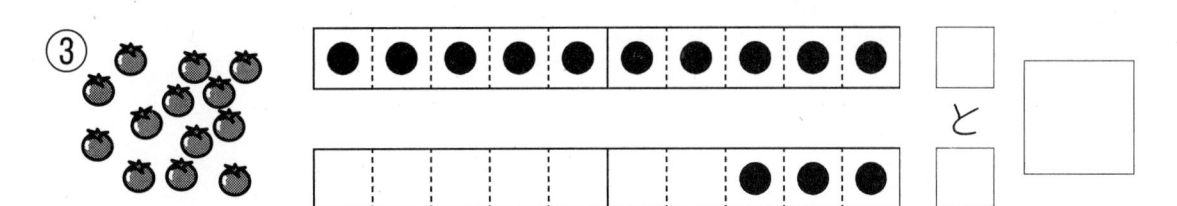

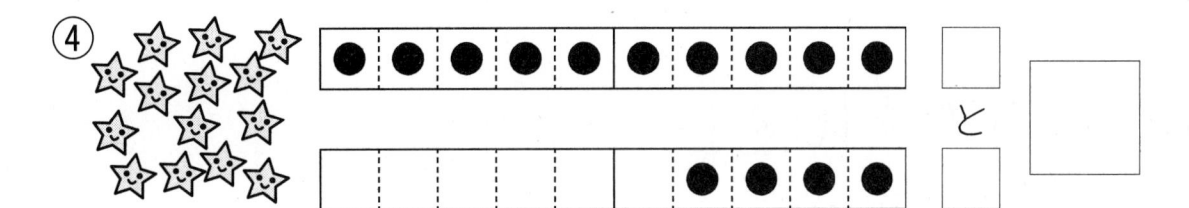

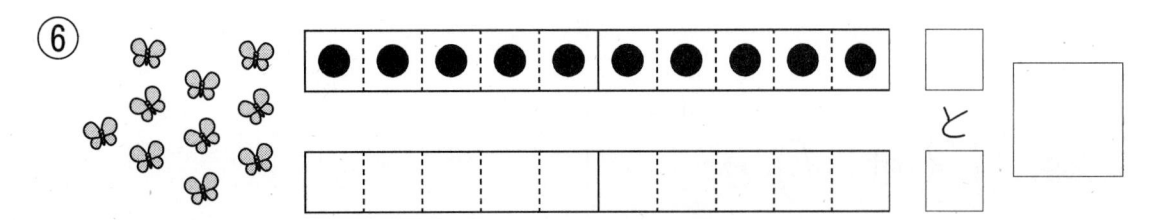

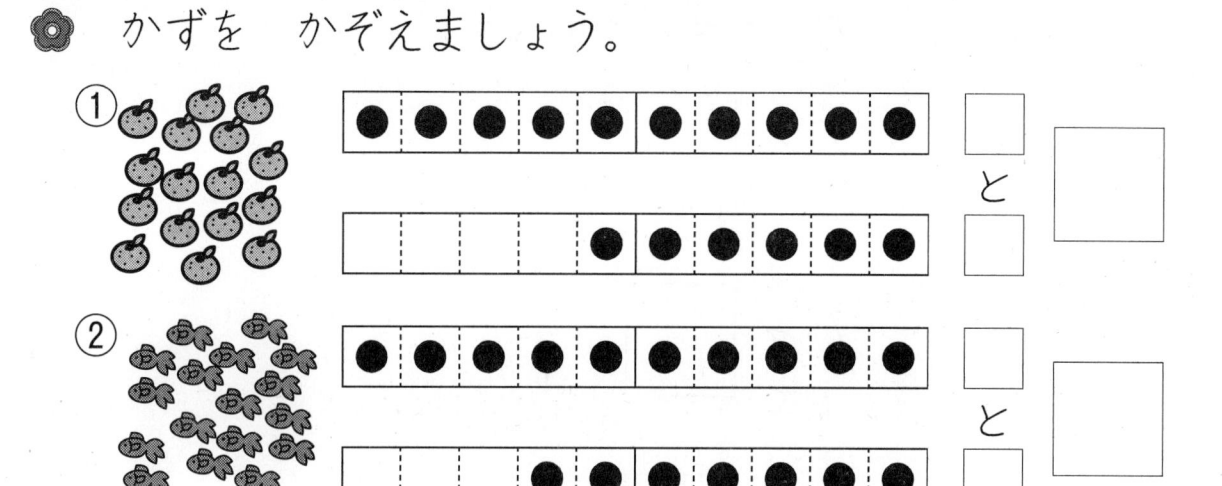

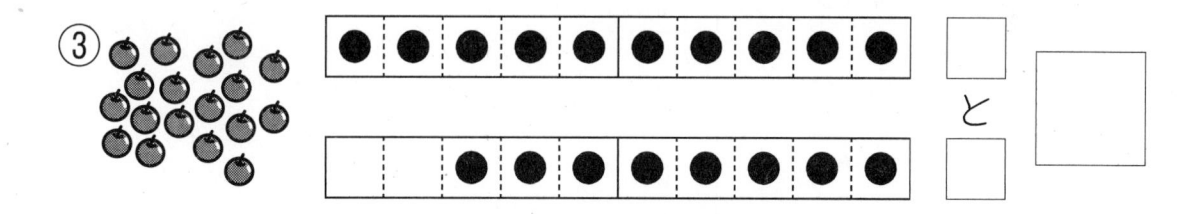

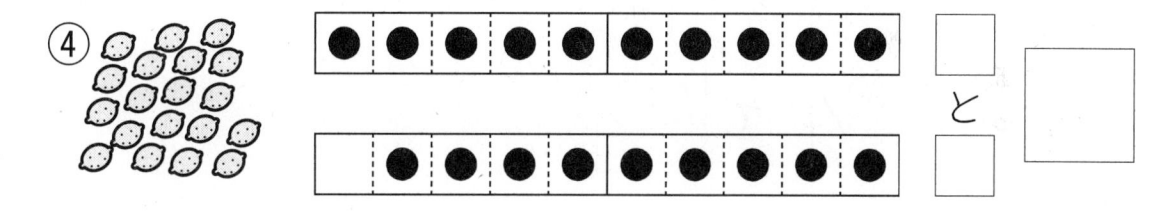

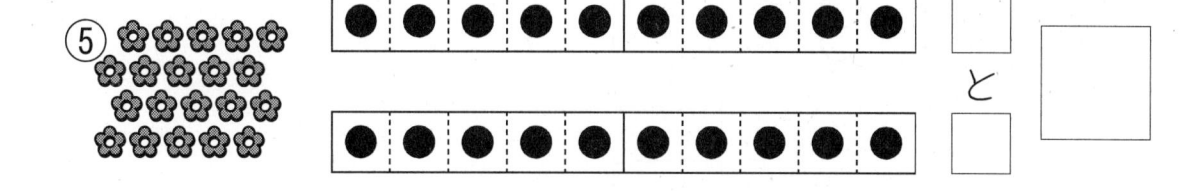

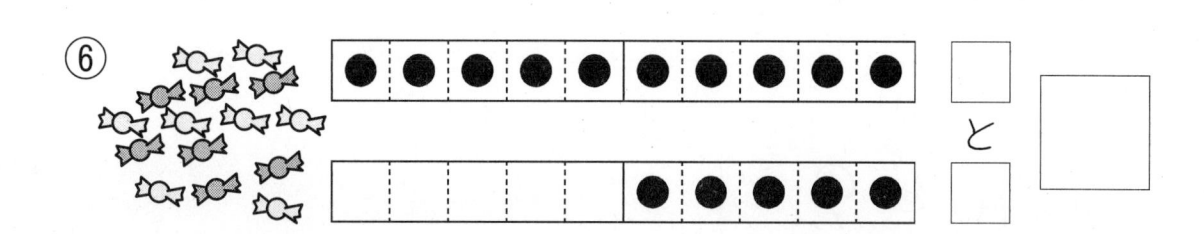

かずを　かぞえましょう。

①

●	●	●	●	●	●	●	●	●	●
				●	●	●	●	●	●

と

②

●	●	●	●	●	●	●	●	●	●
			●	●	●	●	●	●	●

と

③

●	●	●	●	●	●	●	●	●	●
		●	●	●	●	●	●	●	●

と

④
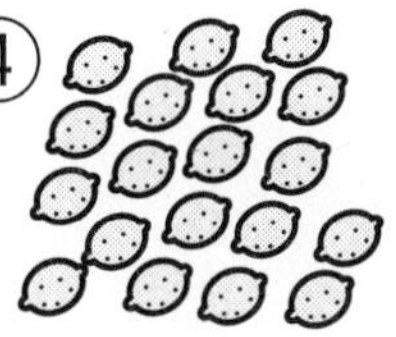

●	●	●	●	●	●	●	●	●	●
	●	●	●	●	●	●	●	●	●

と

⑤

●	●	●	●	●	●	●	●	●	●
●	●	●	●	●	●	●	●	●	●

と

⑥
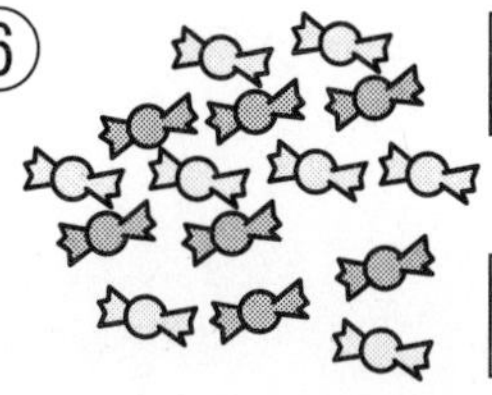

●	●	●	●	●	●	●	●	●	●
					●	●	●	●	●

と

6 10よりおおきいかず ③

なまえ

□に　はいる　かずを　かきましょう。

① 10 と 2 で □

② 10 と 7 で □

③ 10 と 6 で □

④ 10 と 5 で □

⑤ 10 と 4 で □

⑥ 10 と 3 で □

⑦ 10 と 8 で □

⑧ 10 と 9 で □

6 10よりおおきいかず ④

なまえ

□に　はいる　かずを　かきましょう。

① 15 は 10 と □

② 14 は 10 と □

③ 17 は 10 と □

④ 16 は 10 と □

⑤ 19 は 10 と □

⑥ 20 は 10 と □

⑦ 18 は 10 と □

⑧ 13 は 10 と □

6 10よりおおきいかず ⑤

なまえ

□に　はいる　かずを　かきましょう。

① 12 は □ と 2

② 15 は 10 と □

③ 13 は □ と 3

④ 16 は 10 と □

⑤ 20 は □ と 10

⑥ 11 は 10 と □

⑦ 18 は □ と 8

⑧ 14 は □ と 4

6 10よりおおきいかず ⑥

なまえ

□に　はいる　かずを　かきましょう。

① 10 － □ － 12 － 13 － □

② 12 － □ － 14

③ □ － 18 － 19

④ □ － 16 － 17

⑤ 18 － 19 － □

⑥ □ － 12 － 13 － □ － 15

⑦ □ － 16 － 17 － 18 － □

⑧ 16 － □ － 18 － 19 － □

6 10よりおおきいかず ⑦

なまえ

□に　はいる　かずを　かきましょう。

① 10より　2おおきい　かずは □

② 13より　3おおきい　かずは □

③ 12より　7おおきい　かずは □

④ 13より　4おおきい　かずは □

⑤ 14より　1ちいさい　かずは □

⑥ 17より　7ちいさい　かずは □

⑦ 16より　2ちいさい　かずは □

⑧ 19より　6ちいさい　かずは □

6 10よりおおきいかず ⑧

なまえ

おおきいほうに　○を　つけましょう。

① (　　) 8　11 (　　)

② (　　) 15　13 (　　)

③ (　　) 9　11 (　　)

④ (　　) 20　12 (　　)

⑤ (　　) 18　15 (　　)

⑥ (　　) 14　17 (　　)

⑦ (　　) 12　14 (　　)

⑧ (　　) 20　18 (　　)

6 10よりおおきいかず ⑨

なまえ

□に　はいる　かずを　かきましょう。

① 10に　5を　たした　かずは □

② 12に　3を　たした　かずは □

③ 13に　4を　たした　かずは □

④ 17に　3を　たした　かずは □

⑤ 14に　3を　たした　かずは □

⑥ 13に　5を　たした　かずは □

⑦ 13に　6を　たした　かずは □

⑧ 15に　5を　たした　かずは □

6 10よりおおきいかず ⑩

なまえ

□に　はいる　かずを　かきましょう。

① 10に 4を たした　かず　　10＋4＝□

② 11に 5を たした　かず　　11＋5＝□

③ 12に 4を たした　かず　　12＋4＝□

④ 10に 7を たした　かず　　10＋7＝□

⑤ 14に 3を たした　かず　　14＋3＝□

⑥ 15に 4を たした　かず　　15＋4＝□

⑦ 16に 2を たした　かず　　16＋2＝□

⑧ 17に 3を たした　かず　　17＋3＝□

6 10よりおおきいかず ⑪ なまえ

□に　はいる　かずを　かきましょう。

① 10から　5を　ひいた　かずは □

② 17から　5を　ひいた　かずは □

③ 18から　7を　ひいた　かずは □

④ 15から　2を　ひいた　かずは □

⑤ 14から　3を　ひいた　かずは □

⑥ 13から　10を　ひいた　かずは □

⑦ 19から　5を　ひいた　かずは □

⑧ 18から　8を　ひいた　かずは □

6 10よりおおきいかず ⑫ なまえ

□に　はいる　かずを　かきましょう。

① 10から　4を　ひいた　かず　　$10 - 4 =$ □

② 10から　3を　ひいた　かず　　$10 - 3 =$ □

③ 12から　1を　ひいた　かず　　$12 - 1 =$ □

④ 10から　6を　ひいた　かず　　$10 - 6 =$ □

⑤ 13から　3を　ひいた　かず　　$13 - 3 =$ □

⑥ 15から　3を　ひいた　かず　　$15 - 3 =$ □

⑦ 17から　3を　ひいた　かず　　$17 - 3 =$ □

⑧ 19から　3を　ひいた　かず　　$19 - 3 =$ □

7 なんじなんじはん ①

なまえ

ずを　みて　なんじか　かきましょう。

①

3 じ

②

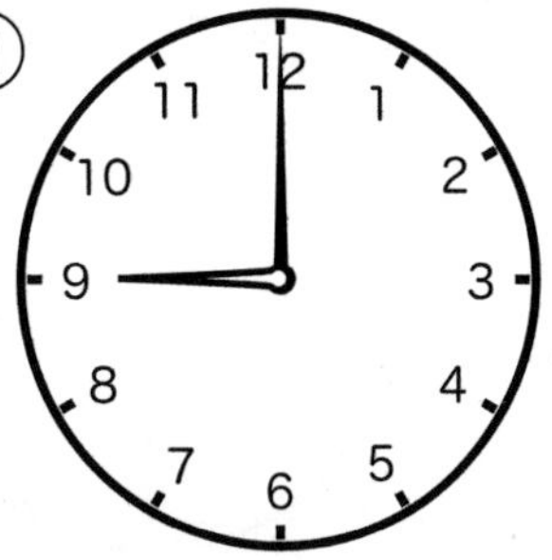

じ

③

じ

④

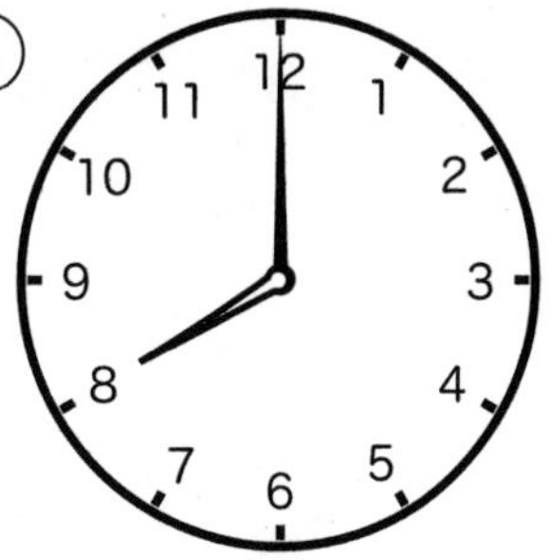

じ

⑤

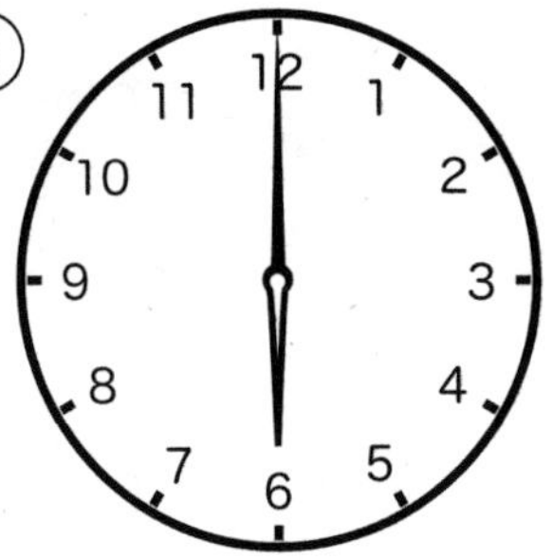

じ

⑥

じ

⑦

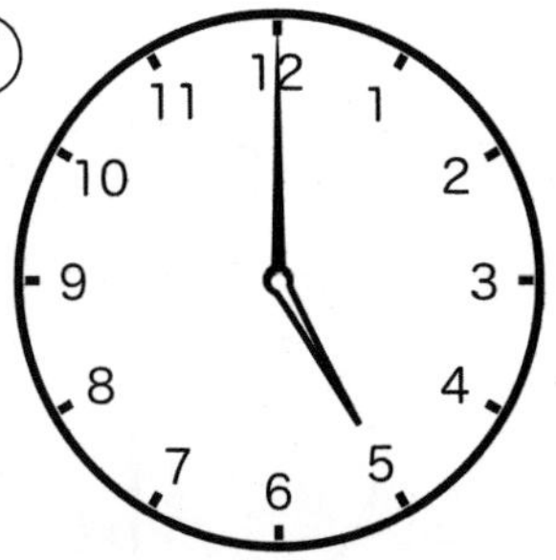

じ

⑧

じ

7 なんじなんじはん ②

なまえ

みじかい　はりを　かきましょう。

① 3じ

② 1じ

③ 11じ

④ 9じ

⑤ 10じ

⑥ 8じ

⑦ 5じ

⑧ 6じ

7 なんじなんじはん ③

なまえ

ずを　みて　なんじはんか　かきましょう。

①
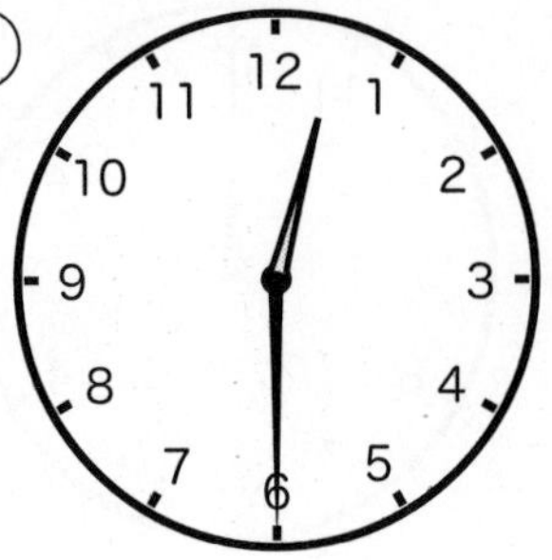
＿＿＿じはん

②
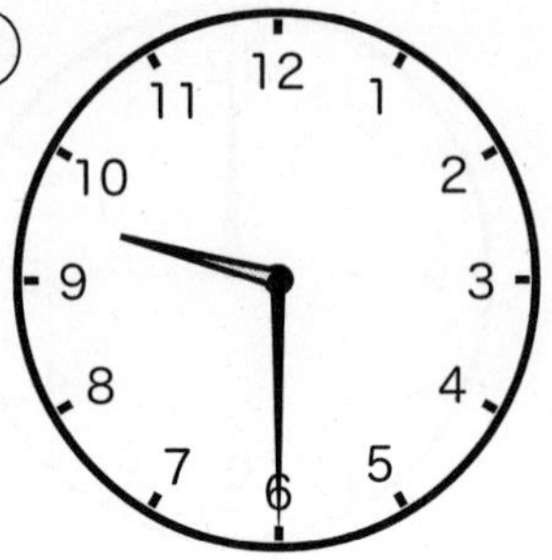
＿＿＿じはん

③
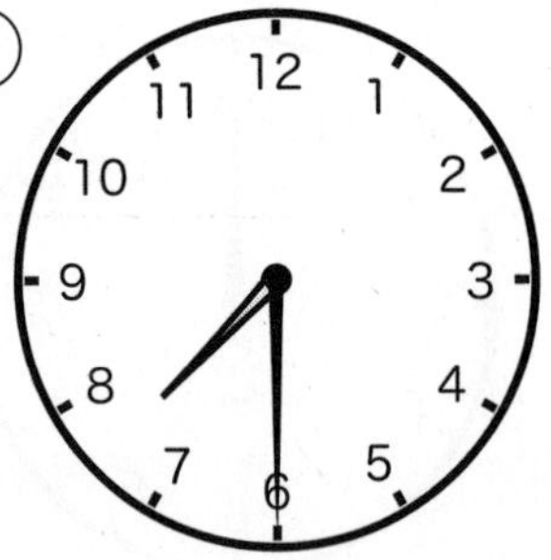
＿＿＿じはん

④
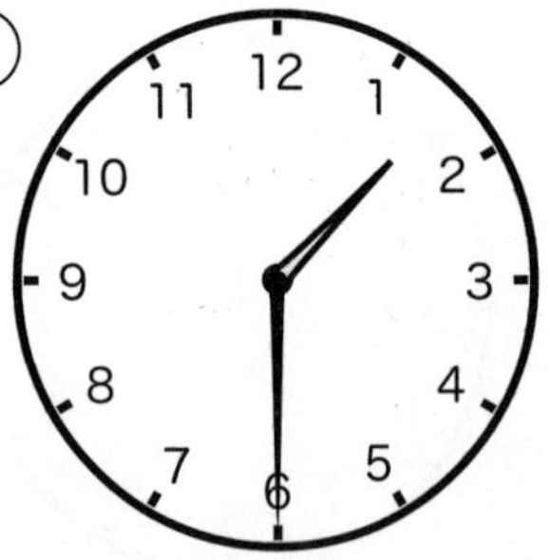
＿＿＿じはん

⑤

＿＿＿じはん

⑥
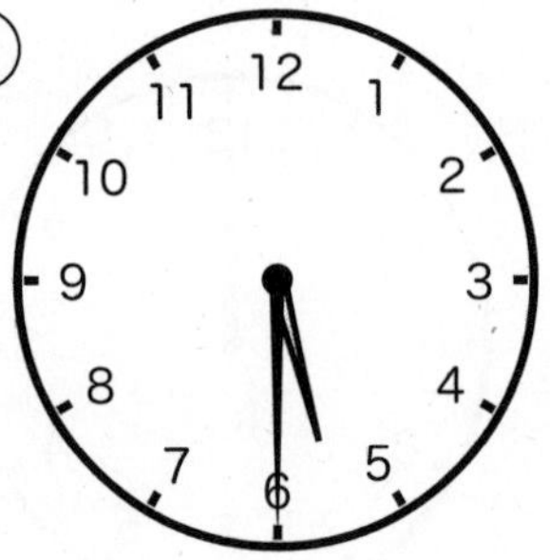
＿＿＿じはん

⑦

＿＿＿じはん

⑧

＿＿＿じはん

7 なんじなんじはん ④

なまえ

みじかい　はりを　かきましょう。

① 10じはん
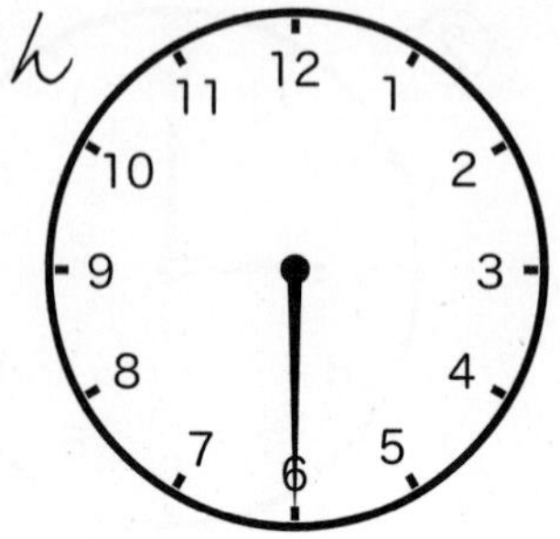

② 1じはん
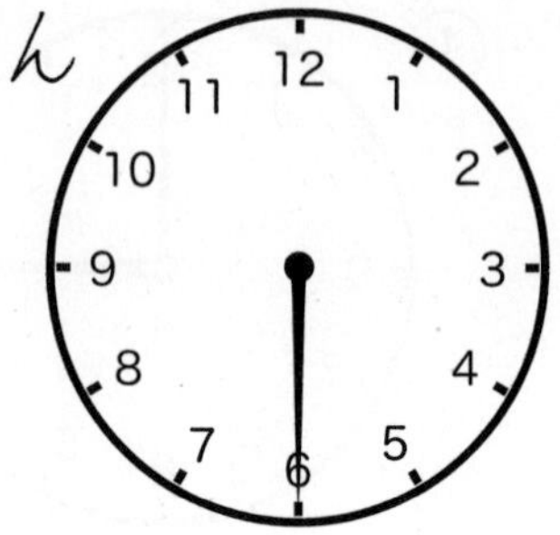

③ 12じはん
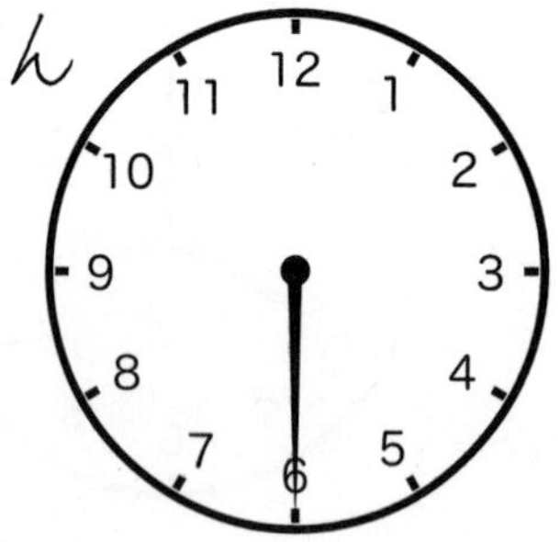

④ 5じはん
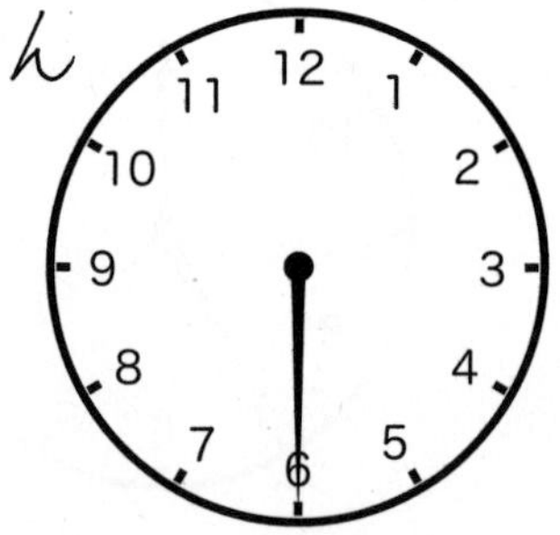

⑤ 6じはん
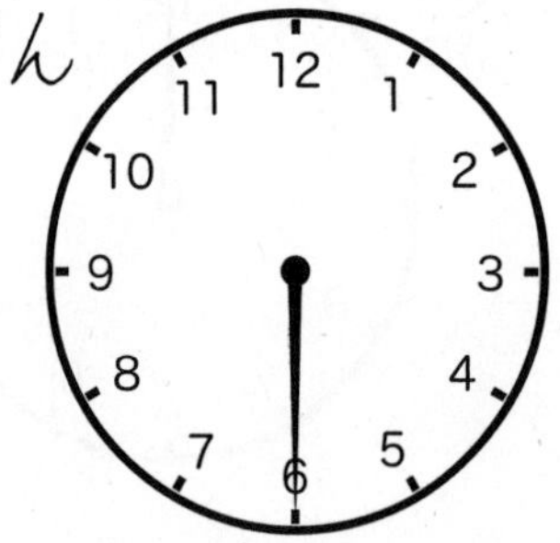

⑥ 9じはん
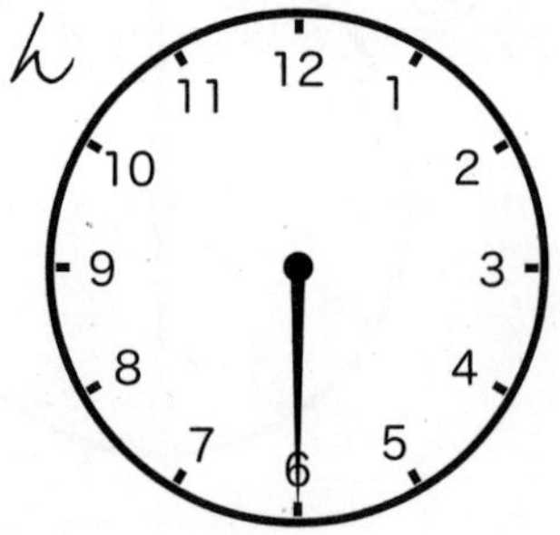

⑦ 3じはん
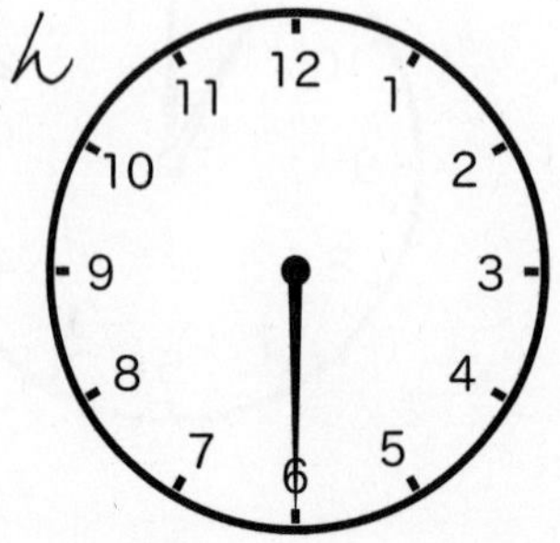

⑧ 11じはん
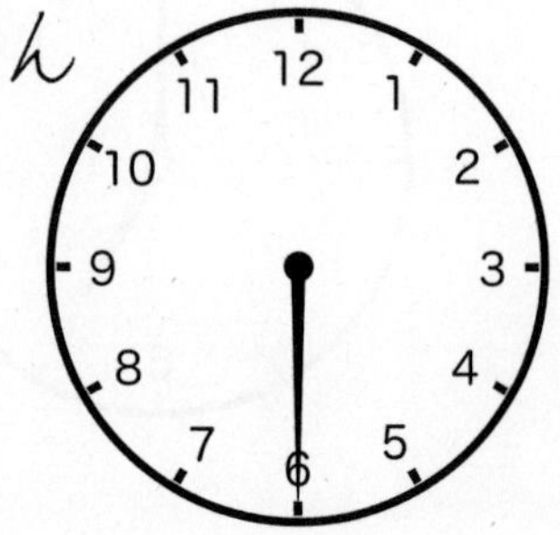

8 かずしらべ ①

なまえ

ずを　みて　とれた　いちごの　かずだけ　いろを　ぬりましょう。

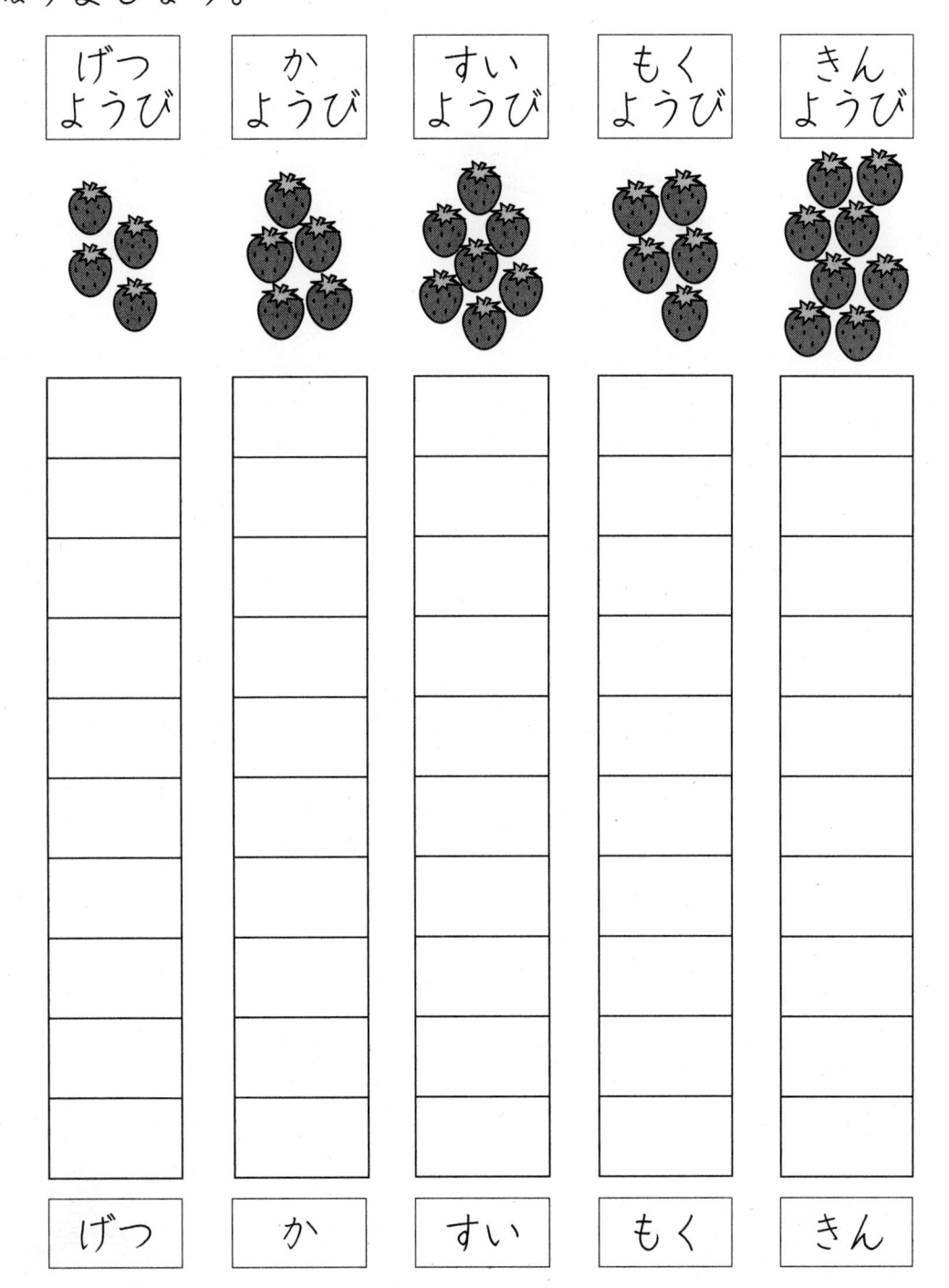

げつ ようび	か ようび	すい ようび	もく ようび	きん ようび

げつ	か	すい	もく	きん

8 かずしらべ ②

なまえ

ずを　みて　こたえましょう。

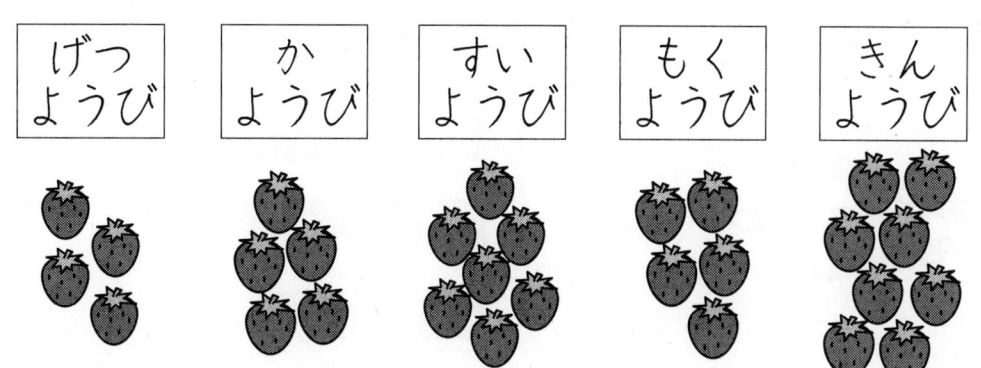

げつ ようび	か ようび	すい ようび	もく ようび	きん ようび

① げつようびは　なんこ　とれましたか。　　こ

② いちばん　たくさん　とれたのは　なんようびですか。

③ 7こ　とれたのは　なんようびですか。

④ とれた　かずを　かきましょう。

げつ	か	すい	もく	きん
こ	こ	こ	こ	こ

⑤ とれた　かずが　おなじなのは　なんようびと　なんようびですか。

　　と

9 どちらがながい ①

なまえ

いちばん　ながい　ものに　○を　つけましょう。

①

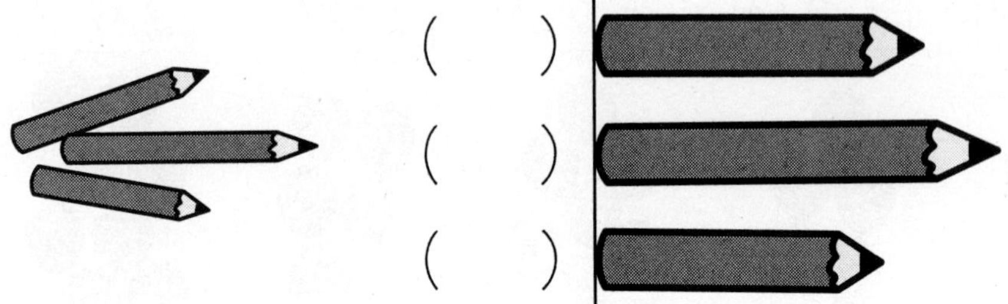

②

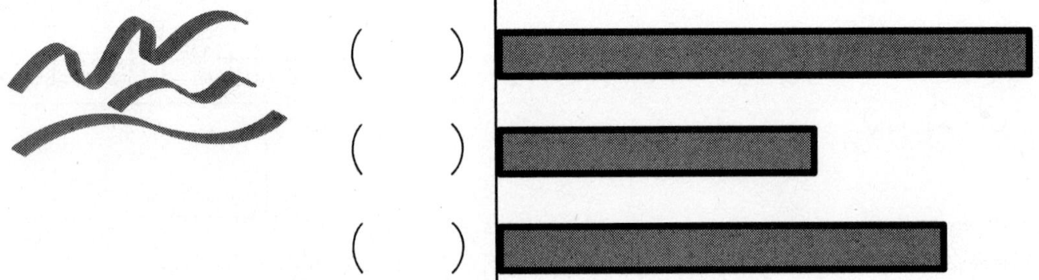

③

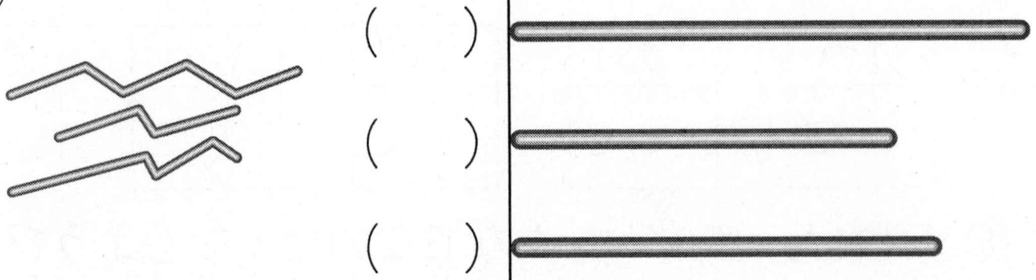

9 どちらがながい ②

なまえ

ながい　ほうに　○を　つけましょう。

①

②

③

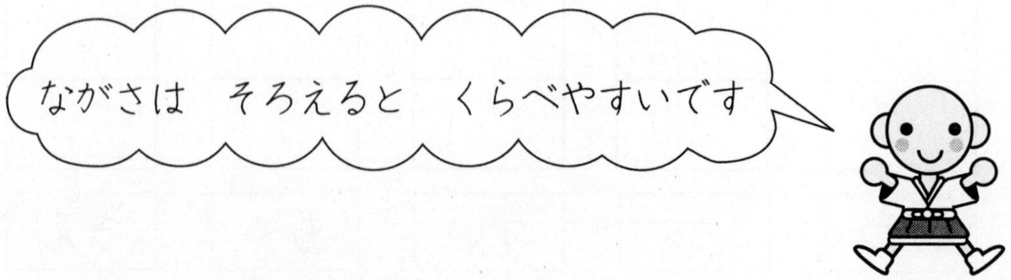

9 どちらがながい ③

なまえ

たてと よこの ながい ほうに ○を つけましょう。

① はがき

(　　)たて

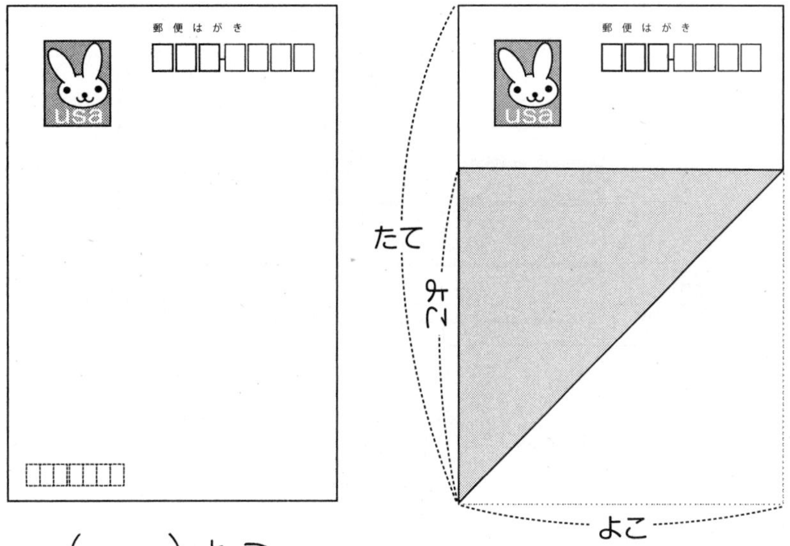

(　　)よこ　　おると わかりやすいよ

② ケース

(　　)たて

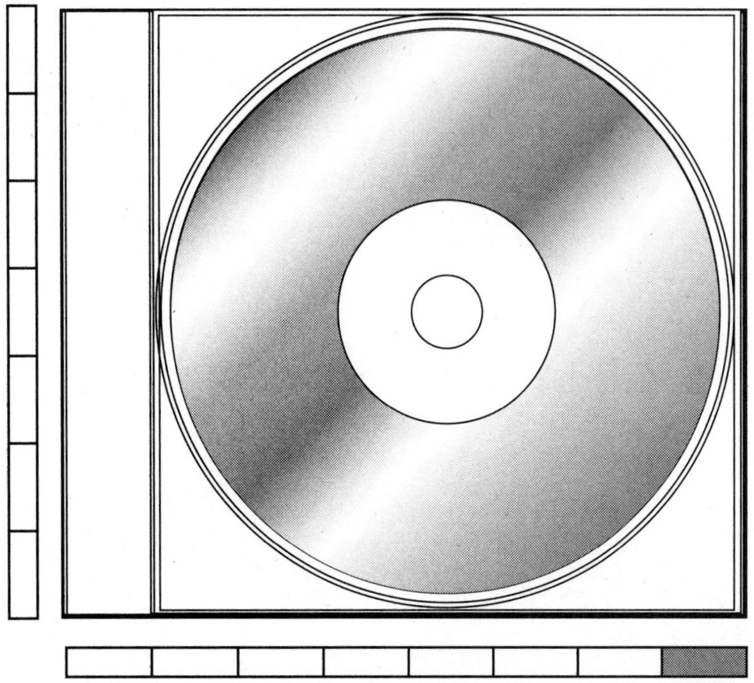

(　　)よこ

9 どちらがながい ④

なまえ

テープを つかって いろいろな ながさを しらべました。

・つくえの よこ
・つくえの たて
・つくえの たかさ
・とびらの はば
・まどの はば

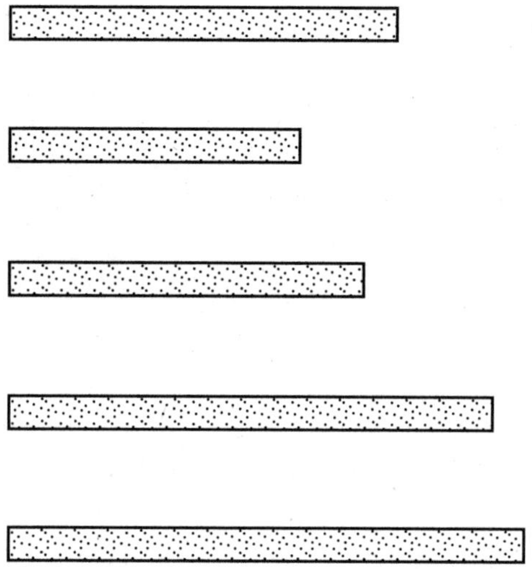

① つくえの よこと たては どちらがながいですか。○を つけましょう。

(　つくえのよこ　・　つくえのたて　)

② つくえの たてと たかさは どちらが ながいですか。○を つけましょう。

(　つくえのたて　・　つくえのたかさ　)

③ とびらの はばと まどの はばは どちらが ながいですか。○を つけましょう。

(　とびらのはば　・　まどのはば　)

9 どちらがながい ⑤

なまえ

1 それぞれ いくつぶんでしょう。

① ゆびを ひろげた はば

つくえのよこの ながさは

 の □ つぶんです。

② えんぴつの ながさ

つくえのよこの ながさは

 の □ つぶんです。

2 ながいほうに ○を つけましょう。

（　） 

（　） 

9 どちらがながい ⑥

なまえ

✿ えをみて ながさを くらべましょう。

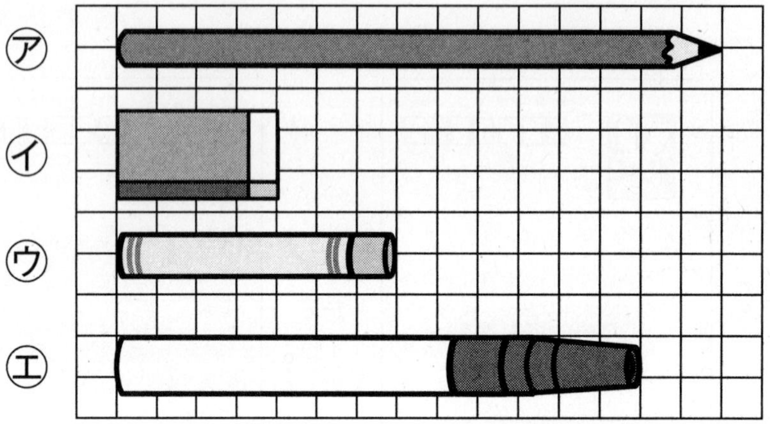

① ㋐～㋓は それぞれ ますの いくつぶんでしょう。

㋐ ますの 15 こぶん　㋑ ますの □ こぶん

㋒ ますの □ こぶん　㋓ ますの □ こぶん

② いちばん ながい ものは どれですか。 □

③ いちばん みじかい ものは どれですか。 □

④ いちばん ながい ものと みじかい ものは なんます ちがいますか。

しき

こたえ　　ます

10 3つのかずのけいさん ①

なまえ

みんなで　なんにんに　なりましたか。

3 にん

のって　います。

3

3 にん

のりました。

3 ＋ □

3 にん

のりました。

3 ＋ 3 ＋ □

しき

＋　＋　＝

こたえ　　にん

10 3つのかずのけいさん ②

なまえ

けいさんを　しましょう。

① 2 ＋ 3 ＋ 1 ＝ 6

② 2 ＋ 2 ＋ 3 ＝ □

③ 3 ＋ 4 ＋ 2 ＝ □

④ 4 ＋ 5 ＋ 1 ＝ □

⑤ 4 ＋ 6 ＋ 4 ＝ □

⑥ 6 ＋ 4 ＋ 5 ＝ □

⑦ 9 ＋ 1 ＋ 6 ＝ □

⑧ 8 ＋ 2 ＋ 7 ＝ □

⑨ 1 ＋ 8 ＋ 10 ＝ □

⑩ 10 ＋ 1 ＋ 9 ＝ □

10 3つのかずのけいさん ③

なまえ

のこりは　なんにんに　なりましたか。

9 にん

のって　います。

9

3 にん

おりました。

9 － □

3 にん

おりました。

9 － 3 － □

しき

　－　－　＝

こたえ　　にん

10 3つのかずのけいさん ④

なまえ

けいさんを　しましょう。

① 12 － 2 － 1 ＝ □

② 9 － 1 － 2 ＝ □

③ 8 － 4 － 2 ＝ □

④ 7 － 5 － 1 ＝ □

⑤ 9 － 3 － 4 ＝ □

⑥ 13 － 3 － 5 ＝ □

⑦ 14 － 4 － 6 ＝ □

⑧ 17 － 2 － 3 ＝ □

⑨ 18 － 2 － 4 ＝ □

⑩ 19 － 9 － 9 ＝ □

10 3つのかずのけいさん ⑤ なまえ

みんなで　なんにんに　なりましたか。

6 にん

のって　います。

6

3 にん

おりました。

6 − □

4 にん

のりました。

6 − 3 ＋ □

しき

− ＋ ＝

こたえ　　にん

10 3つのかずのけいさん ⑥ なまえ

けいさんを　しましょう。

① 12 − 2 ＋ 1 ＝ □

② 15 − 4 ＋ 2 ＝ □

③ 14 − 2 ＋ 6 ＝ □

④ 17 − 5 ＋ 3 ＝ □

⑤ 9 − 3 ＋ 4 ＝ □

⑥ 8 − 3 ＋ 5 ＝ □

⑦ 9 − 4 ＋ 5 ＝ □

⑧ 6 − 2 ＋ 3 ＝ □

⑨ 12 − 2 ＋ 4 ＝ □

⑩ 19 − 9 ＋ 5 ＝ □

11 どちらがおおい ①

なまえ

どちらが　おおく　はいりますか。

①

みずが　あふれたから、

□のほうが、

おおく　はいる。

②

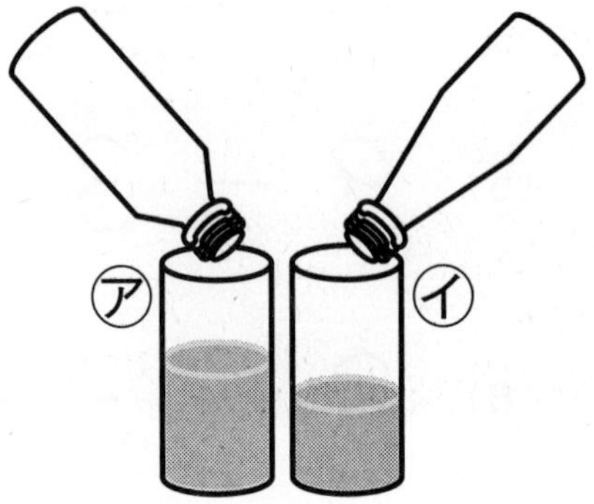

みずの　たかさを
くらべると、

□のほうが、

おおく　はいる。

11 どちらがおおい ②

なまえ

いちばん　おおいのは　どれですか。□に　○を　かきましょう。

①

②

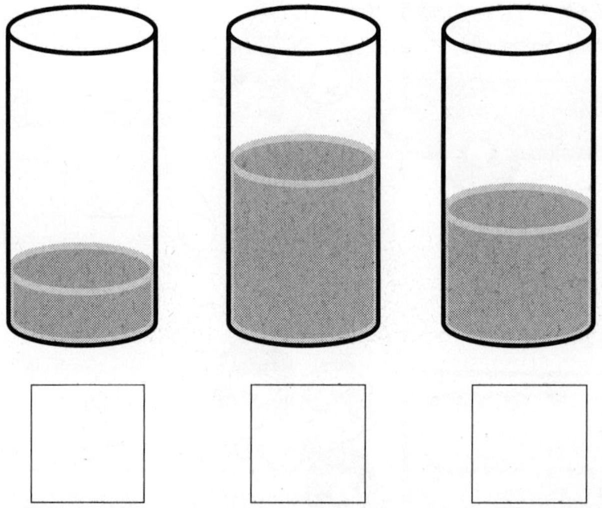

③

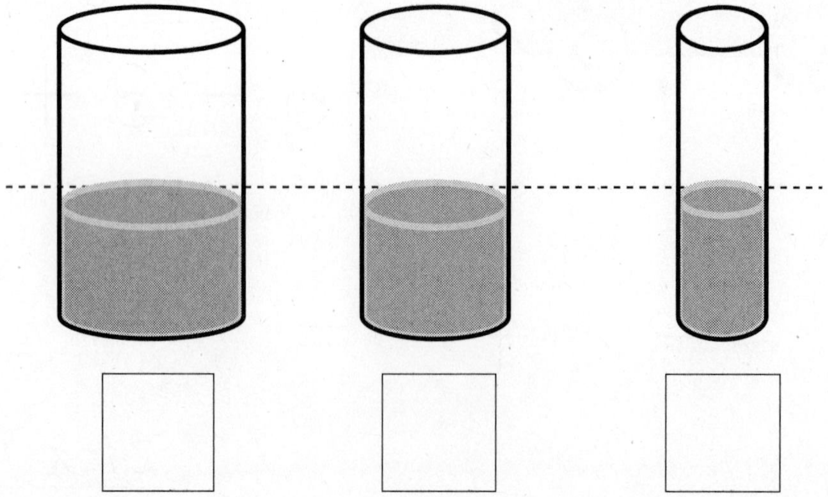

11 どちらがおおい ③

なまえ

どちらが　どれだけ　おおく　はいりますか。

① どれだけ　はいりますか。

㋐

 に □ はい　はいる。

㋑

 に □ はい　はいる。

② どちらが　どれだけ　おおく　はいりますか。

□ のほうが、コップ □ はいぶん　おおく

はいる。

11 どちらがおおい ④

なまえ

いちばん　おおく　はいるのは　どれですか。

① どれだけ　はいりますか。

㋐

コップに □ ばい

はいる。

㋑

コップに □ はい

はいる。

㋒

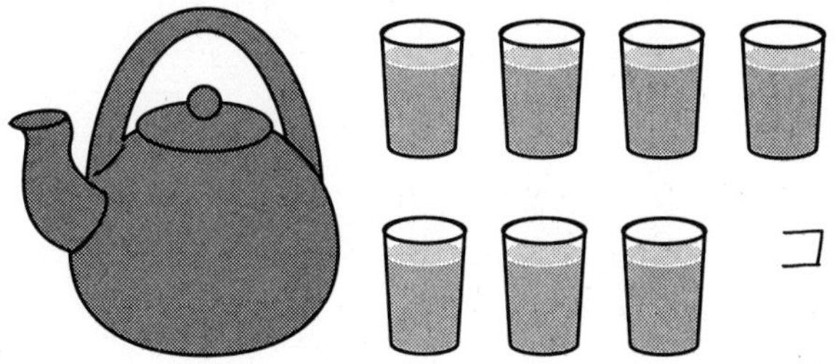

コップに □ はい

はいる。

② どれが　いちばん　おおく　はいりますか。

□ が、いちばん　おおく　はいる。

12 くりあがりのたしざん ①

なまえ

1と　いくつ　あるでしょうか。

① 3 ／ 1　□

② 2 ／ 1　□

③ 4 ／ 1　□

④ 5 ／ 1　□

⑤ 6 ／ 1　□

⑥ 7 ／ 1　□

⑦ 8 ／ 1　□

⑧ 9 ／ 1　□

12 くりあがりのたしざん ②

なまえ

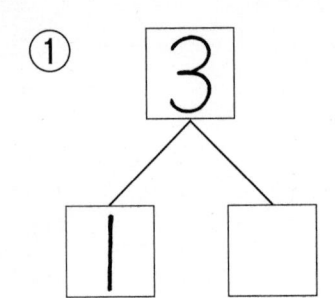

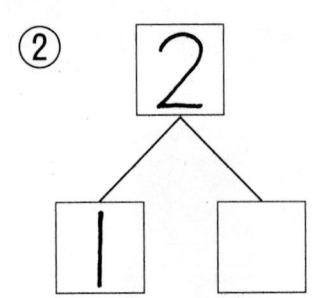

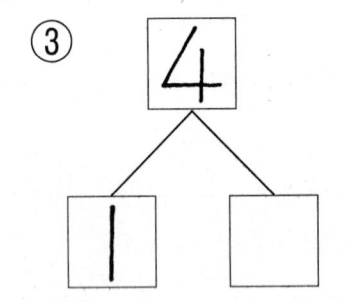

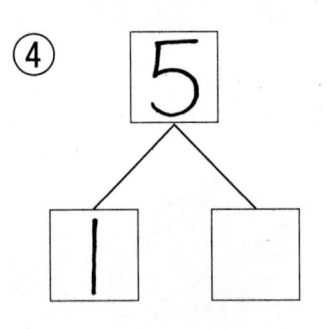

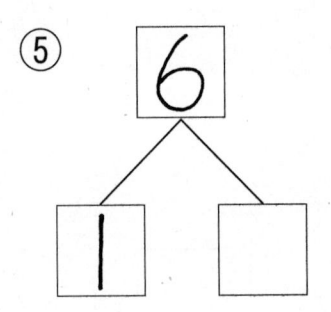

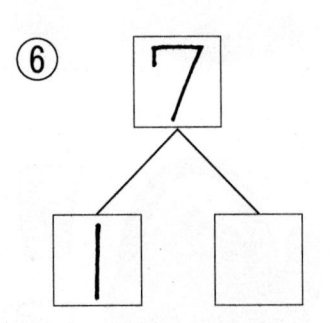

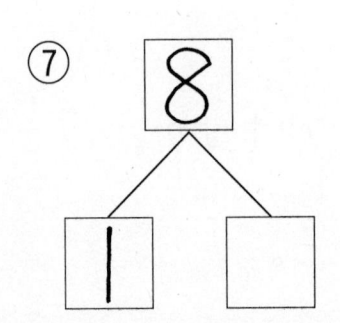

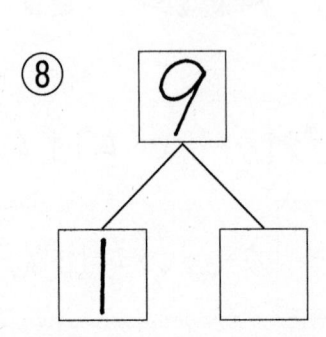

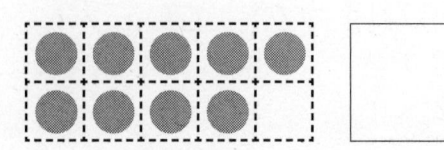

いくつ　あるでしょうか。

①

12 こ

②

□ こ

③

□ こ

④

□ こ

⑤

□ こ

⑥

□ こ

⑦

□ こ

⑧

□ こ

12 くりあがりのたしざん ③

なまえ

1 9＋3の　けいさんの　しかた。

9 ＋ 3

10 ← 1 □

▼3を　1と □ に　わける。

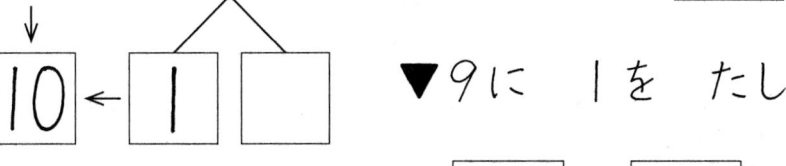

▼9に　1を　たして 10。

▼ 10 と □ で □。

2 9＋6の　けいさんの　しかた。

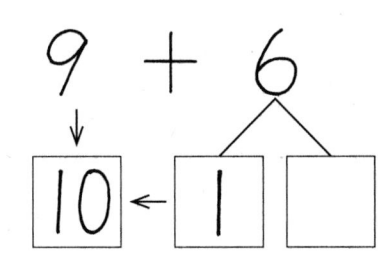

9 ＋ 6

10 ← 1 □

▼6を　1と □ に　わける。

▼9に　1を　たして 10。

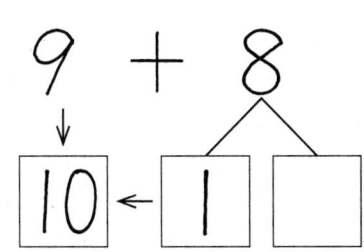

▼ 10 と □ で □。

3 9＋8の　けいさんの　しかた。

9 ＋ 8

10 ← 1 □

▼8を　1と □ に　わける。

▼9に　1を　たして 10。

▼ 10 と □ で □。

12 くりあがりのたしざん ④

なまえ

1 8＋3の　けいさんの　しかた。

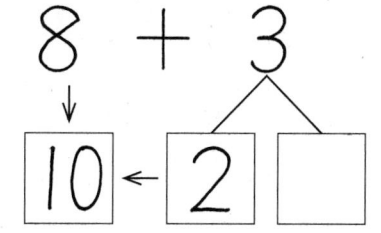

8 ＋ 3

10 ← 2 □

▼3を　2と □ に　わける。

▼8に　2を　たして 10。

▼ 10 と □ で □。

2 8＋6の　けいさんの　しかた。

8 ＋ 6

10 ← 2 □

▼6を　2と □ に　わける。

▼8に　2を　たして 10。

▼ 10 と □ で □。

3 7＋4の　けいさんの　しかた。

7 ＋ 4

10 ← 3 □

▼4を　3と □ に　わける。

▼7に　3を　たして 10。

▼ 10 と □ で □。

12 くりあがりのたしざん ⑤ なまえ

たしざんを　しましょう。

① $3 + 9 =$

② $5 + 6 =$

③ $4 + 8 =$

④ $6 + 4 =$

⑤ $9 + 5 =$

⑥ $6 + 7 =$

⑦ $1 + 9 =$

⑧ $7 + 4 =$

12 くりあがりのたしざん ⑥ なまえ

たしざんを　しましょう。

① $2 + 8 =$

② $7 + 5 =$

③ $8 + 3 =$

④ $2 + 9 =$

⑤ $5 + 8 =$

⑥ $4 + 6 =$

⑦ $3 + 7 =$

⑧ $6 + 8 =$

12 くりあがりのたしざん ⑦ なまえ

たしざんを　しましょう。

① 9 ＋ 2 ＝

② 7 ＋ 8 ＝

③ 9 ＋ 9 ＝

④ 6 ＋ 5 ＝

⑤ 4 ＋ 8 ＝

⑥ 5 ＋ 7 ＝

⑦ 8 ＋ 6 ＝

⑧ 7 ＋ 3 ＝

12 くりあがりのたしざん ⑧ なまえ

たしざんを　しましょう。

① 7 ＋ 9 ＝

② 6 ＋ 7 ＝

③ 8 ＋ 3 ＝

④ 7 ＋ 7 ＝

⑤ 6 ＋ 6 ＝

⑥ 5 ＋ 7 ＝

⑦ 5 ＋ 8 ＝

⑧ 8 ＋ 9 ＝

12 くりあがりのたしざん ⑨ なまえ

たしざんを　しましょう。

① 7＋6＝

② 9＋9＝

③ 6＋6＝

④ 8＋3＝

⑤ 7＋9＝

⑥ 9＋5＝

⑦ 7＋8＝

⑧ 8＋4＝

12 くりあがりのたしざん ⑩ なまえ

たしざんを　しましょう。

① 9＋4＝

② 8＋5＝

③ 6＋8＝

④ 7＋4＝

⑤ 8＋8＝

⑥ 9＋3＝

⑦ 9＋6＝

⑧ 7＋7＝

12 くりあがりのたしざん ⑪

なまえ

1 うさちゃんは　どんぐりを　9こ　ひろいました。
かえるくんは　どんぐりを　2こ　ひろいました。
あわせて　なんこ　ひろいましたか。

しき

9＋2＝

こたえ　11　こ

2 1くみで　きんぎょを　6ぴき　かっています。
7ひき　もらいました。
きんぎょは　ぜんぶで　なんびきに　なりましたか。

しき

こたえ　　　びき

3 きんいろの　おりがみが　8まい　あります。
ぎんいろの　おりがみが　7まい　あります。
おりがみは　ぜんぶで　なんまい　ありますか。

しき

こたえ　　　まい

12 くりあがりのたしざん ⑫

なまえ

1 4こ　いりの　たまごパックが　あります。
8こ　いりの　たまごパックが　あります。
たまごは　ぜんぶで　なんこ　ありますか。

しき

こたえ　　　こ

2 きの　えだに　スズメが　5わ　とまっています。
そこに　9わ　とんで　きました。
スズメは　ぜんぶで　なんわに　なりましたか。

しき

こたえ　　　わ

3 みどりの　ピーマンが　4こ　あります。
あかい　ピーマンが　7こ　あります。
ピーマンは　ぜんぶで　なんこ　ありますか。

しき

こたえ　　　こ

13 かたちあそび ①

なまえ

1 ころがるのは　どちらですか。

2 つみあげて　たかくなる　ものは　どちらですか。

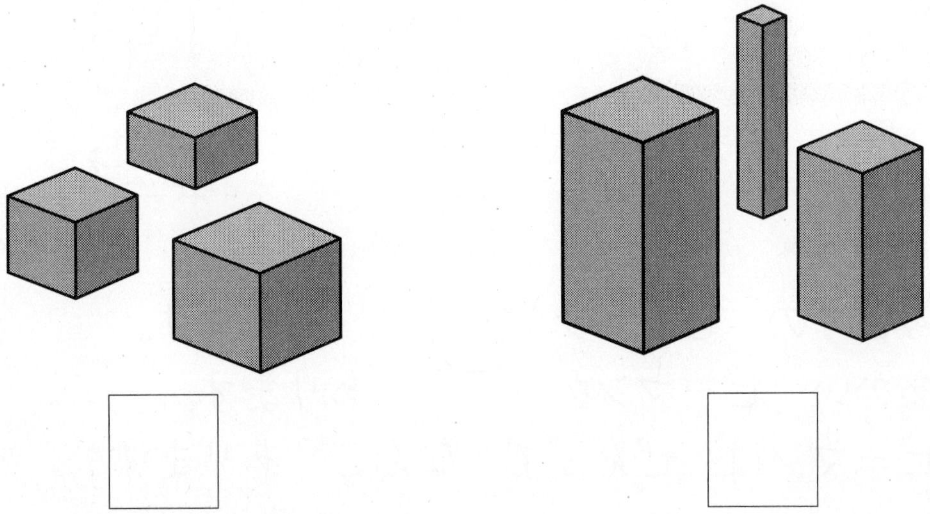

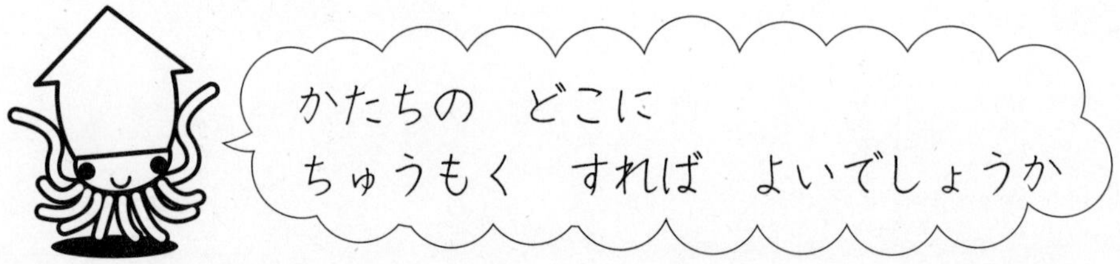
かたちの　どこに
ちゅうもく　すれば　よいでしょうか

13 かたちあそび ②

なまえ

1 たおれにくい　ものは　どちらですか。

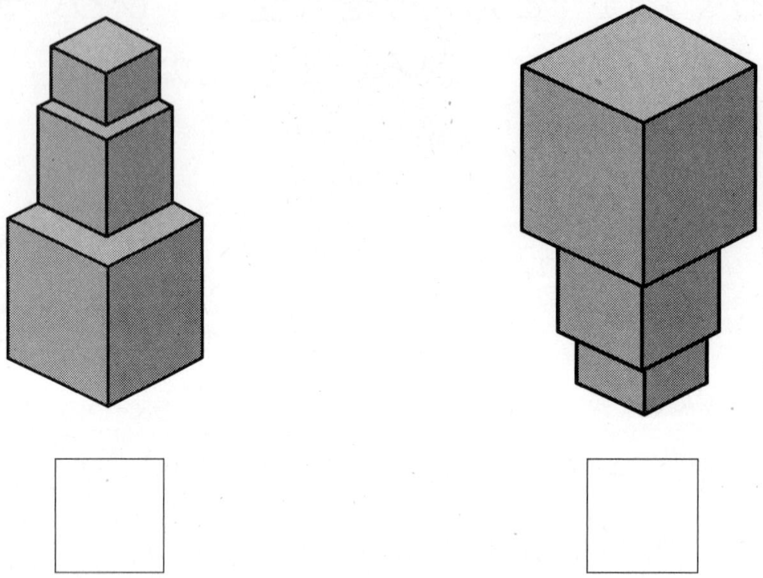

2 おなじ　かたちを　せんで　むすびましょう。

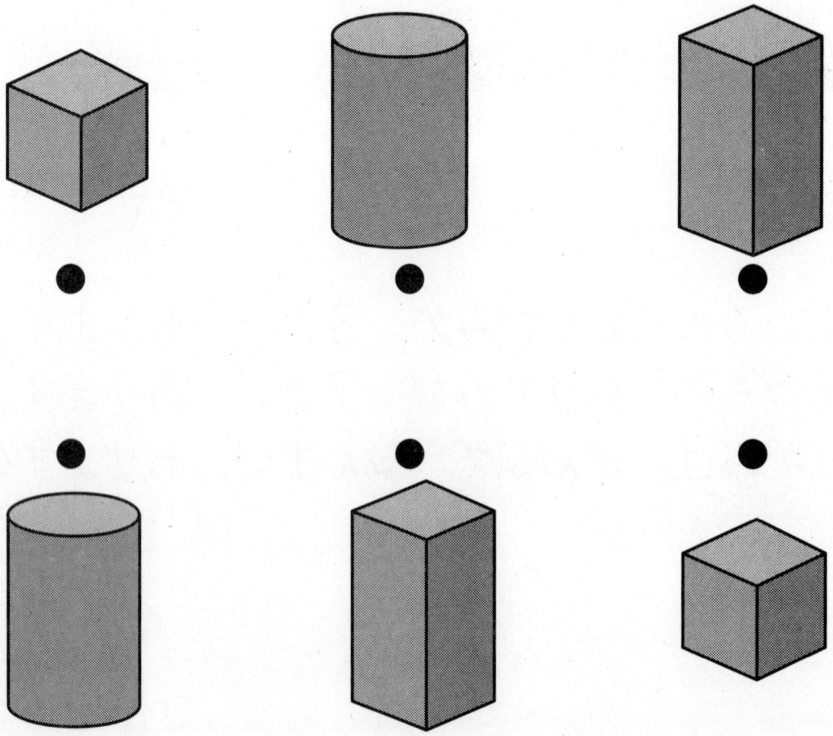

13 かたちあそび ③

なまえ

1 まるい　かたちに　○を　つけましょう。

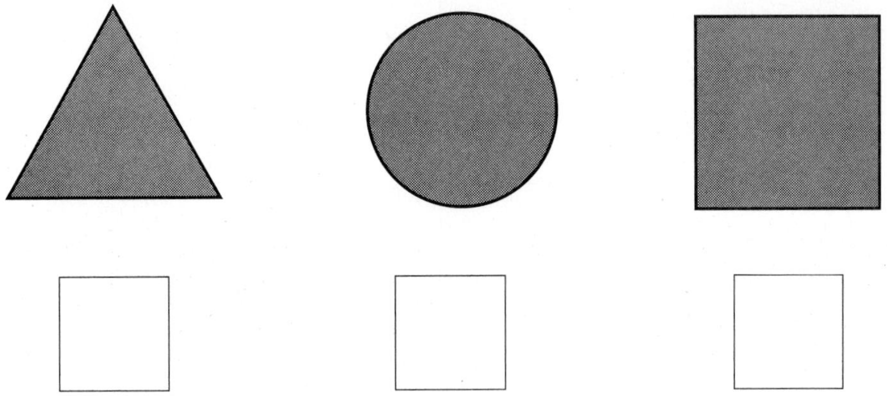

2 どこからみても　しかくの　かたちに　○を　つけましょう。

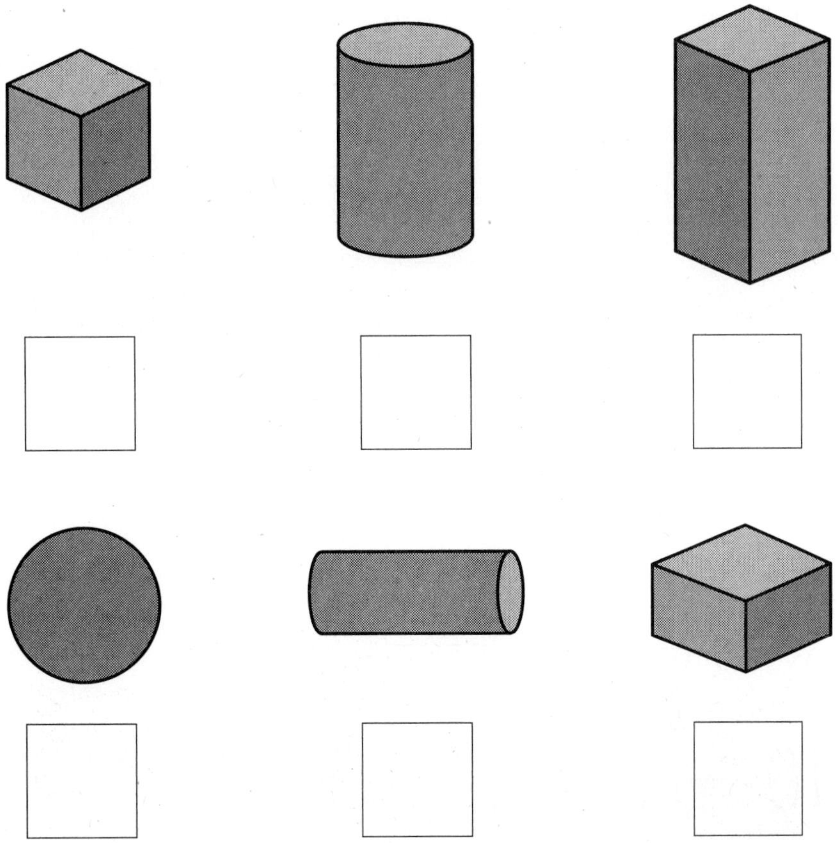

13 かたちあそび ④

なまえ

いろの　ついたところを　かみに　うつしました。
おなじ　かたちの　ものを　せんで　むすびましょう。

うつしたかたち　　　　つかったもの

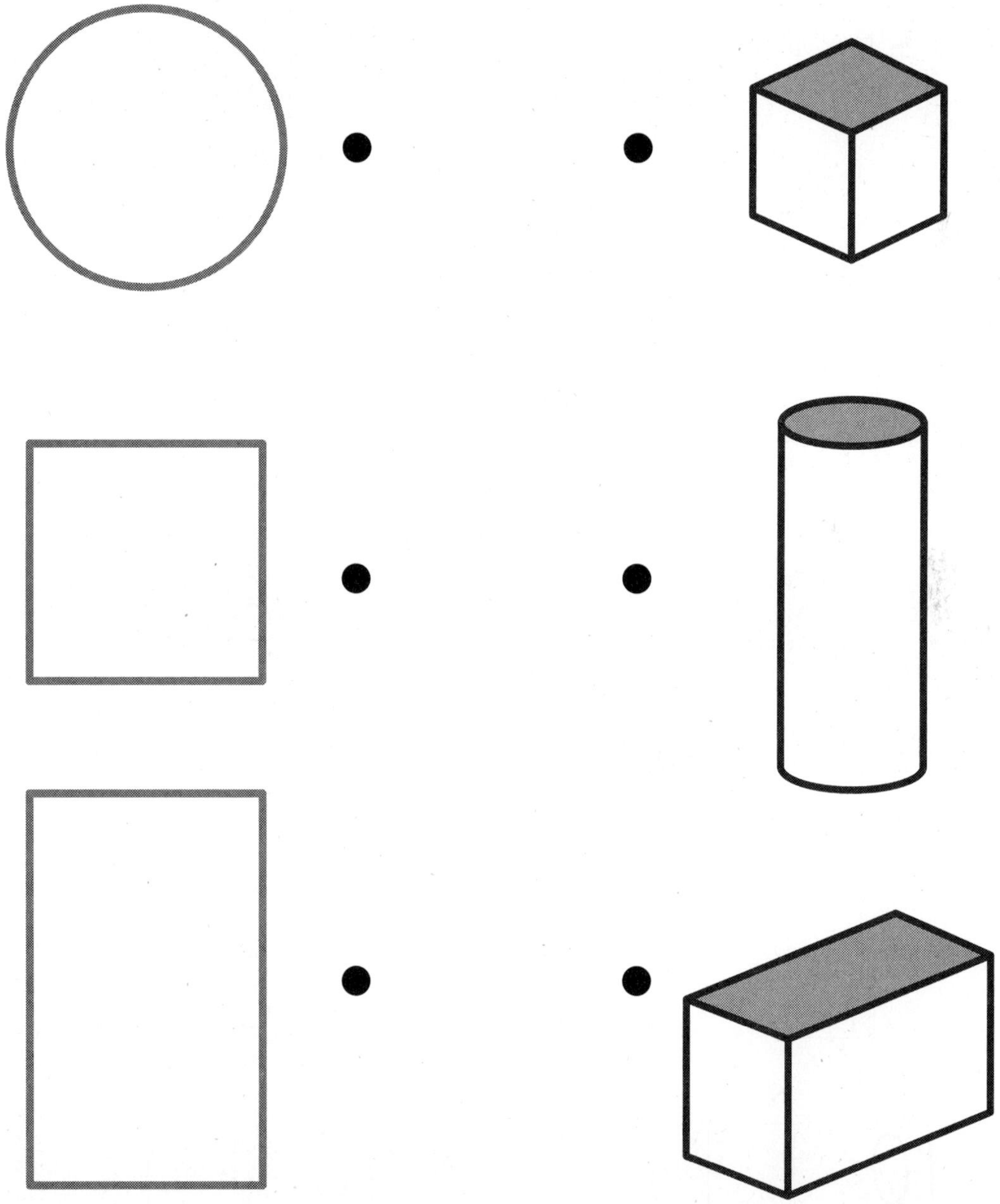

14 くりさがりのひきざん ①

なまえ

🏵 10と　いくつ　ありますか。

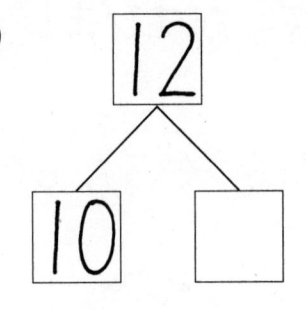

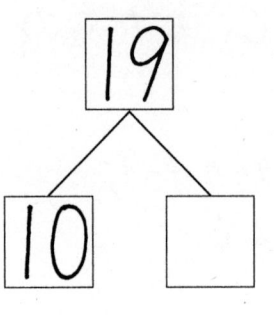

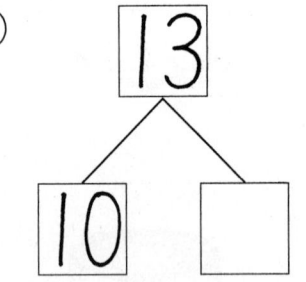

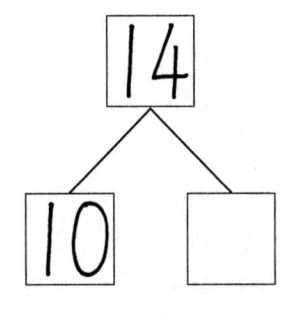

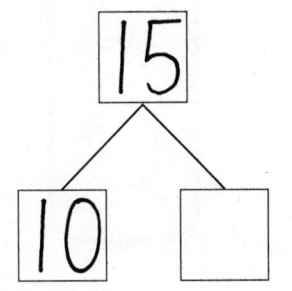

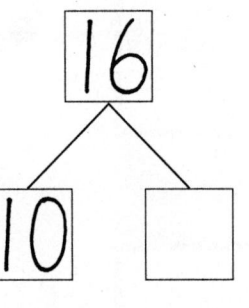

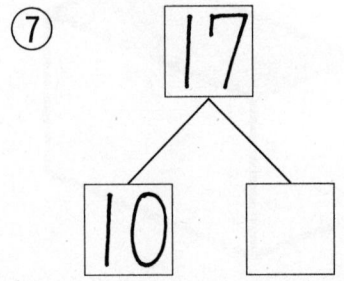

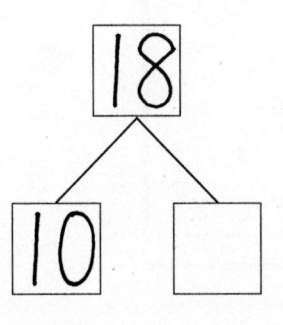

① 12 → 10 と □

② 19 → 10 と □

③ 13 → 10 と □

④ 14 → 10 と □

⑤ 15 → 10 と □

⑥ 16 → 10 と □

⑦ 17 → 10 と □

⑧ 18 → 10 と □

14 くりさがりのひきざん ②

なまえ

✿ ひきざんを　しましょう。

① 10 － 3 ＝ □

② 10 － 2 ＝ □

③ 10 － 4 ＝ □

④ 10 － 6 ＝ □

⑤ 10 － 8 ＝ □

⑥ 10 － 9 ＝ □

⑦ 10 － 7 ＝ □

⑧ 10 － 5 ＝ □

14 くりさがりのひきざん ③

なまえ

1 13−9の　けいさんの　しかた。

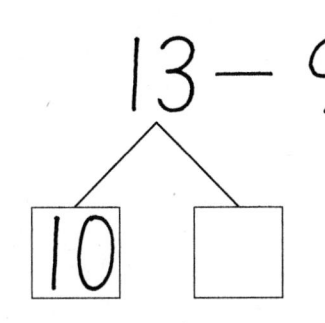

13 − 9

10　□

▼ 3から　9は　ひけない。

▼ 13を　10と □ に　わける。

▼ 10から　9を　ひいて □。

▼ □ と □ で □。

2 12−9の　けいさんの　しかた。

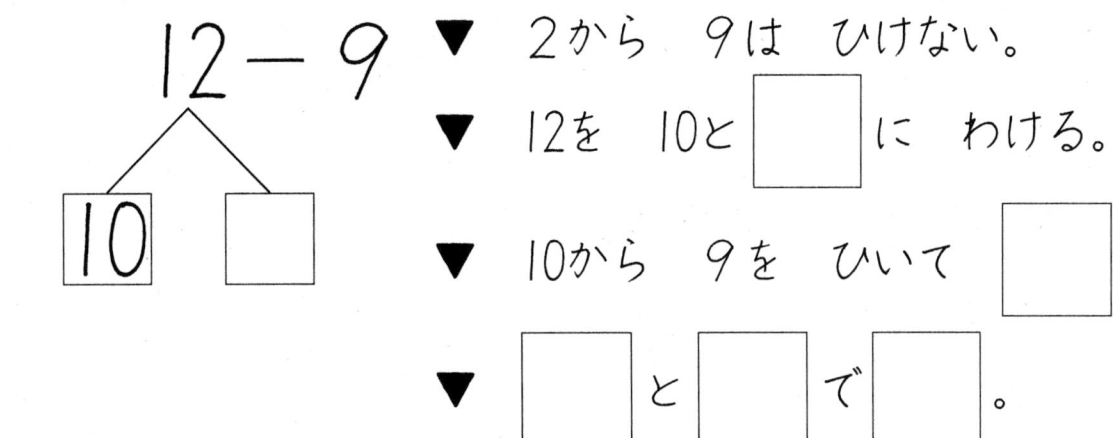

12 − 9

10　□

▼ 2から　9は　ひけない。

▼ 12を　10と □ に　わける。

▼ 10から　9を　ひいて □。

▼ □ と □ で □。

3 ひきざんを　しましょう。

① 14 − 9 = □

② 15 − 9 = □

14 くりさがりのひきざん ④

なまえ

1 14−8の　けいさんの　しかた。

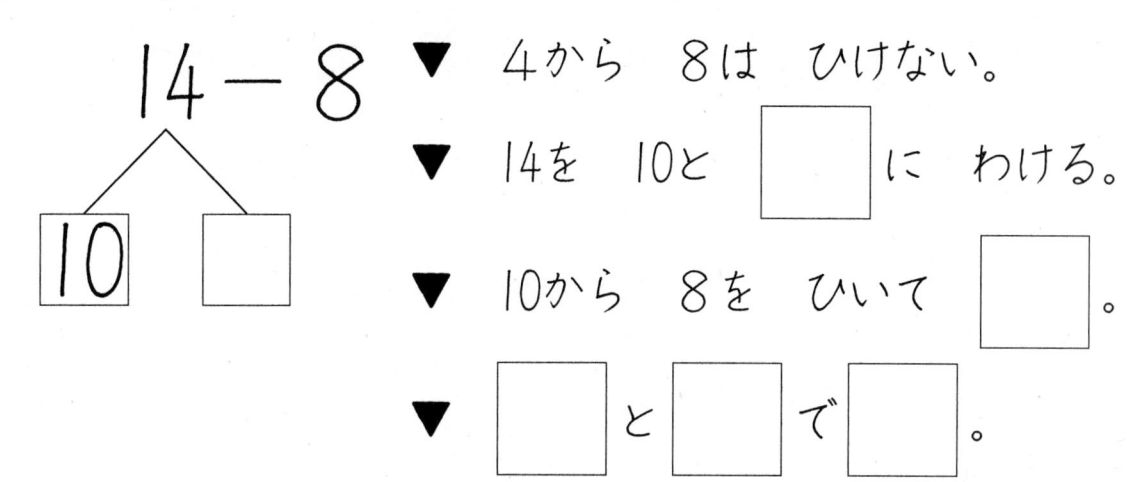

14 − 8

10　□

▼ 4から　8は　ひけない。

▼ 14を　10と □ に　わける。

▼ 10から　8を　ひいて □。

▼ □ と □ で □。

2 11−8の　けいさんの　しかた。

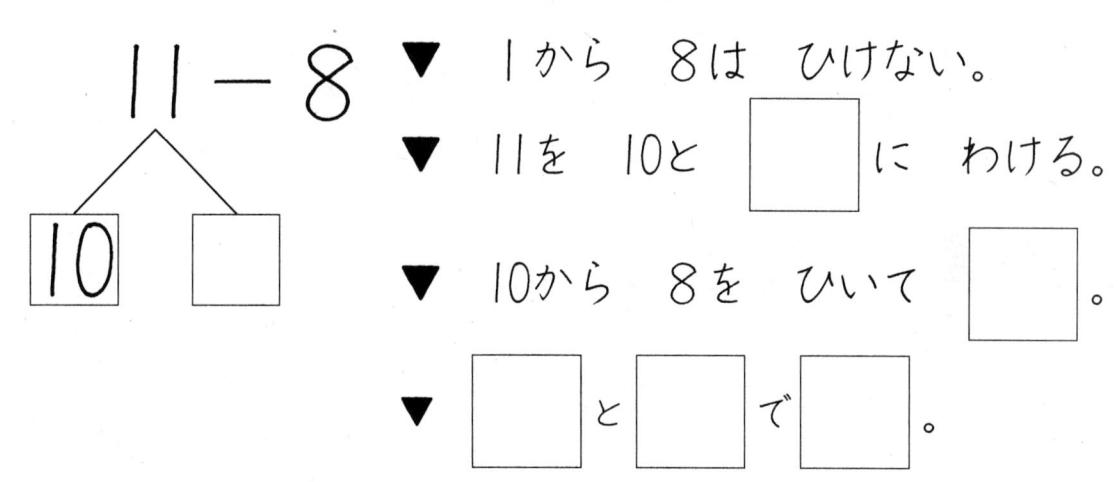

11 − 8

10　□

▼ 1から　8は　ひけない。

▼ 11を　10と □ に　わける。

▼ 10から　8を　ひいて □。

▼ □ と □ で □。

3 ひきざんを　しましょう。

① 12 − 8 = □

② 15 − 8 = □

14 くりさがりの ひきざん ⑤ なまえ

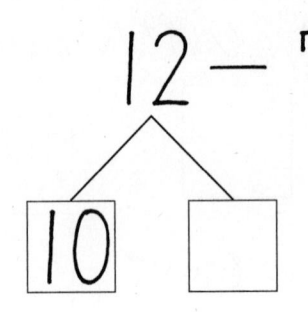

1 12−7の　けいさんの　しかた。

12 − 7

10　□

▼ 2から　7は　ひけない。

▼ 12を　10と □ に　わける。

▼ 10から　7を　ひいて □。

▼ □ と □ で □。

2 13−6の　けいさんの　しかた。

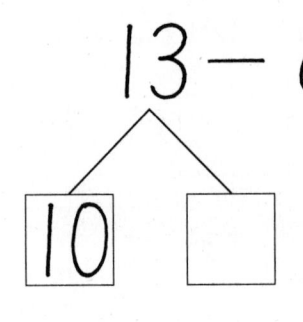

13 − 6

10　□

▼ 3から　6は　ひけない。

▼ 13を　10と □ に　わける。

▼ 10から　6を　ひいて □。

▼ □ と □ で □。

3 ひきざんを　しましょう。

① 15 − 7 = □

② 15 − 6 = □

14 くりさがりの ひきざん ⑥ なまえ

✿ ひきざんを　しましょう。

① 11 − 9 = □

② 15 − 9 = □

③ 16 − 9 = □

④ 17 − 8 = □

⑤ 13 − 8 = □

⑥ 14 − 8 = □

⑦ 13 − 7 = □

⑧ 16 − 7 = □

⑨ 14 − 7 = □

14 くりさがりのひきざん ⑦

なまえ

ひきざんを　しましょう。

① 12 − 6 ＝

② 14 − 6 ＝

③ 11 − 6 ＝

④ 14 − 5 ＝

⑤ 13 − 5 ＝

⑥ 12 − 5 ＝

⑦ 13 − 4 ＝

⑧ 11 − 4 ＝

⑨ 12 − 4 ＝

14 くりさがりのひきざん ⑧

なまえ

ひきざんを　しましょう。

① 11 − 9 ＝

② 15 − 9 ＝

③ 16 − 9 ＝

④ 17 − 8 ＝

⑤ 13 − 8 ＝

⑥ 14 − 8 ＝

⑦ 13 − 7 ＝

⑧ 16 − 7 ＝

⑨ 14 − 7 ＝

14 くりさがりのひきざん ⑨　なまえ

ひきざんを　しましょう。

① 16 － 8 ＝

② 11 － 7 ＝

③ 17 － 9 ＝

④ 15 － 6 ＝

⑤ 13 － 7 ＝

⑥ 12 － 6 ＝

⑦ 13 － 5 ＝

⑧ 11 － 2 ＝

⑨ 14 － 8 ＝

14 くりさがりのひきざん ⑩　なまえ

ひきざんを　しましょう。

① 12 － 5 ＝

② 17 － 8 ＝

③ 11 － 3 ＝

④ 14 － 8 ＝

⑤ 16 － 7 ＝

⑥ 15 － 6 ＝

⑦ 13 － 4 ＝

⑧ 12 － 7 ＝

⑨ 18 － 9 ＝

14 くりさがりのひきざん ⑪

なまえ

1 ジュースが　12ほん　あります。
9ほん　のみました。
ジュースは　なんぼん　のこって　いますか。

しき

こたえ　　ぼん

2 がようしが　13まい　あります。
7まい　つかいました。
のこりは　なんまいに　なりましたか。

しき

こたえ　　まい

3 こうえんで　こどもが　14にん　あそんでいます。
8にん　かえりました。
のこりは　なんにんに　なりましたか。

しき

こたえ　　にん

14 くりさがりのひきざん ⑫

なまえ

1 15ひきの　いぬが　います。
9ひきの　ねこが　います。
どちらが　なんびき　おおいですか。

しき

こたえ　　が　　ひき　おおい

2 チョコケーキが　14こ　あります。
チーズケーキが　7こ　あります。
どちらが　なんこ　おおいですか。

しき

こたえ　　が　　こ　おおい

3 りんごが　17こ　あります。
すいかが　9こ　あります。
どちらが　なんこ　おおいですか。

しき

こたえ　　が　　こ　おおい

15 どちらがひろい ①

なまえ

1 どちらが　ひろいですか。ひろい　ほうに　○を
つけましょう。

①

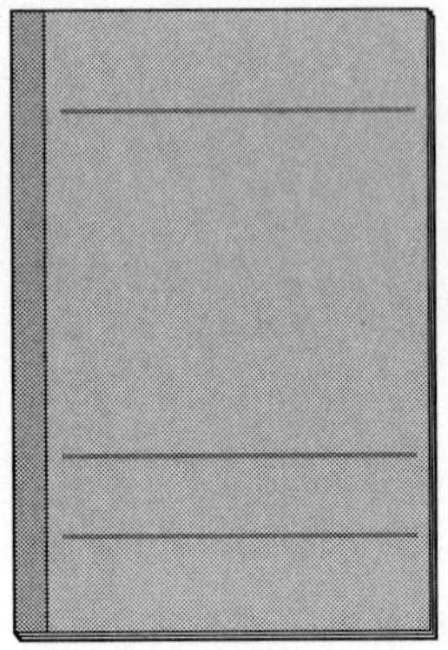

②

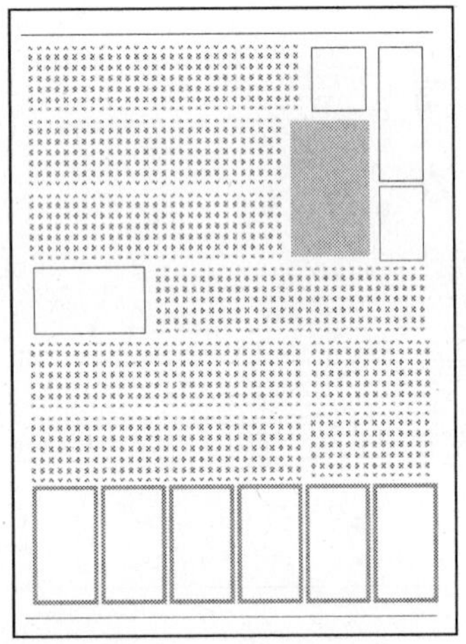

2 ひろい　じゅんに　ばんごうを　かきましょう。

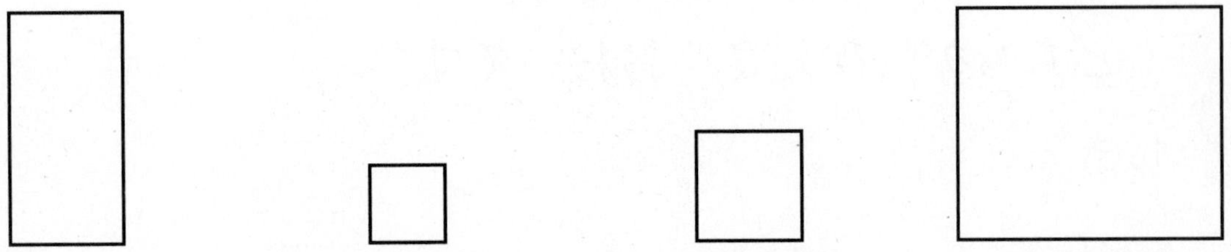

15 どちらがひろい ②

なまえ

1 どちらが　ひろいですか。ひろい　ほうに　○を
つけましょう。

①

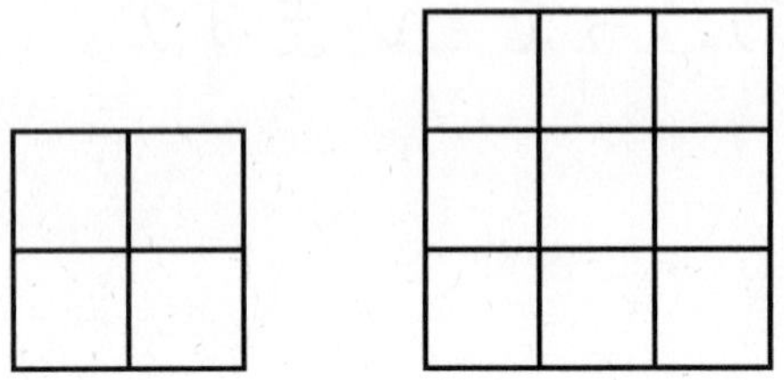

②

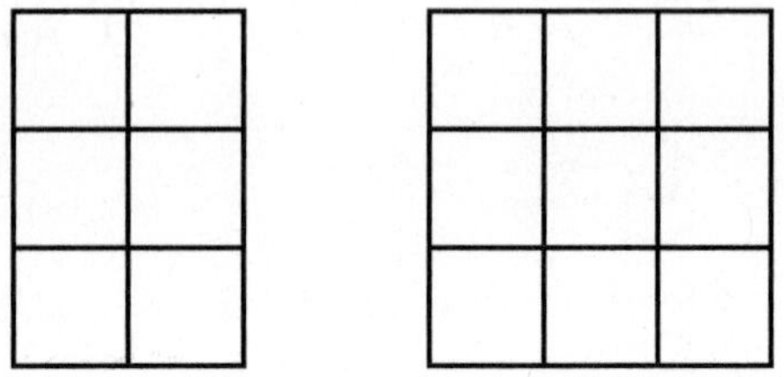

③

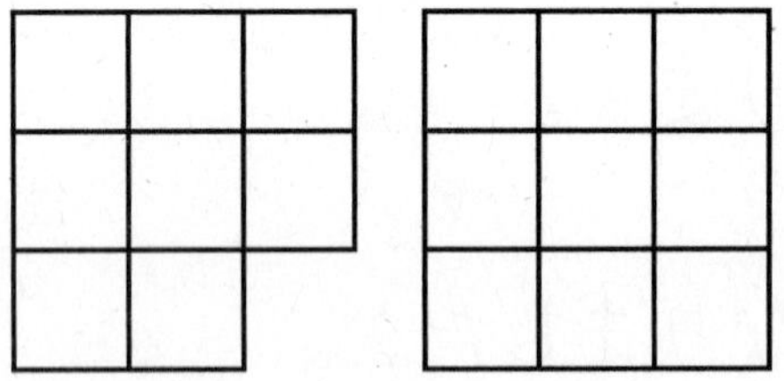

④

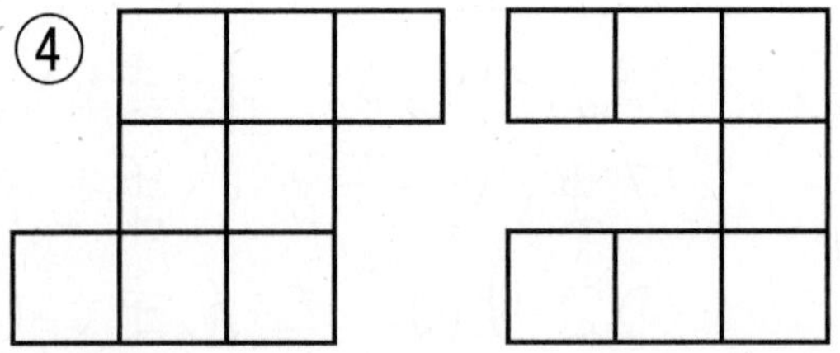

2 ひろい　じゅんに　ばんごうを　かきましょう。

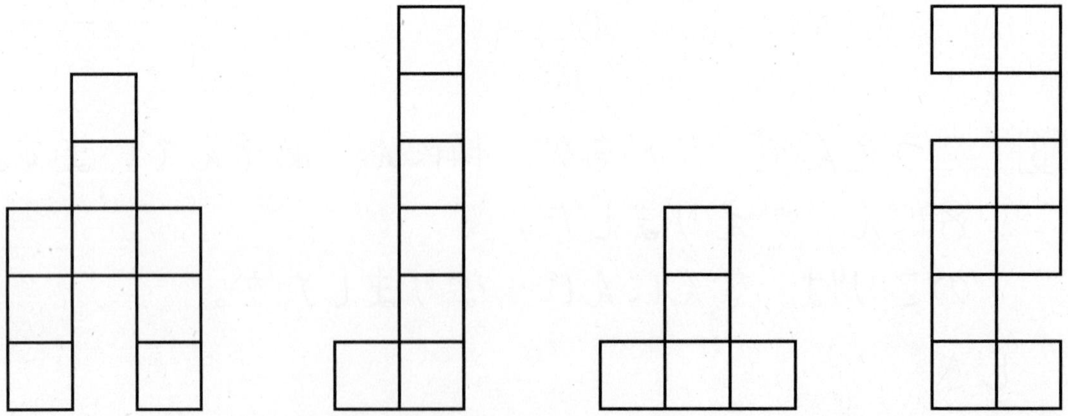

15 どちらがひろい ③

なまえ

どちらが　ひろいですか。ひろい　ほうに　○を　つけましょう。

①

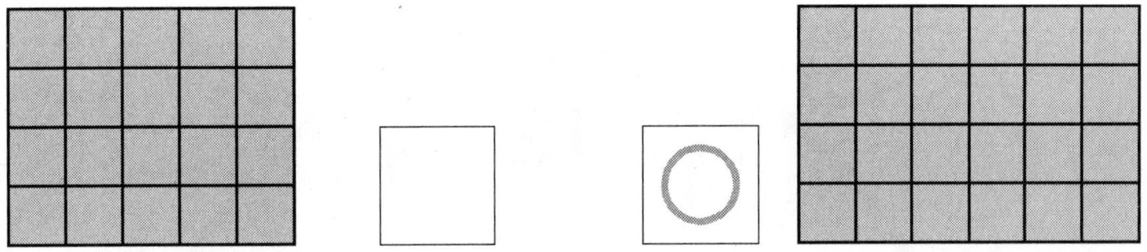

②

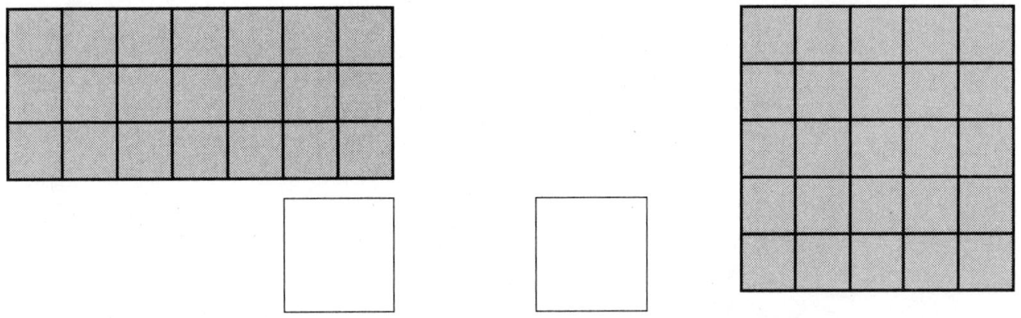

③

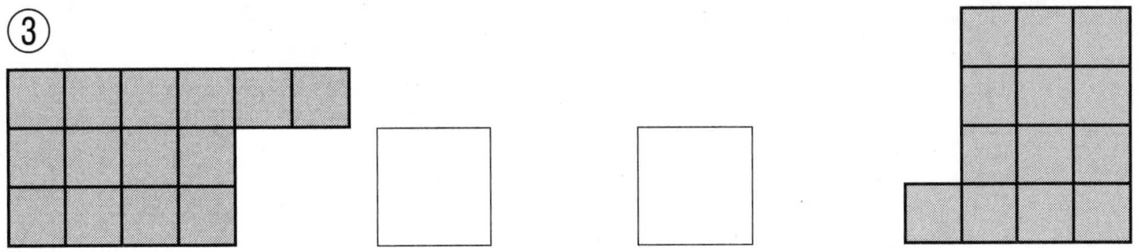

④

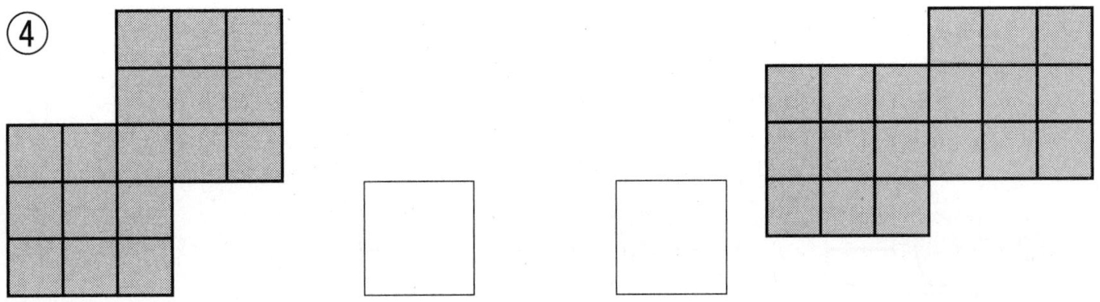

15 どちらがひろい ④

なまえ

ひろい　じゅんに　ばんごうを　かきましょう。

①

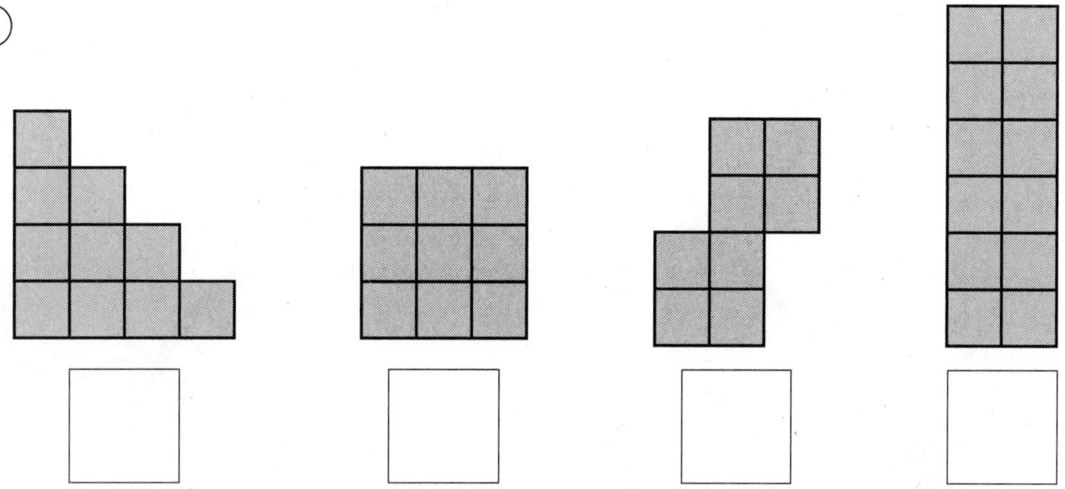

②

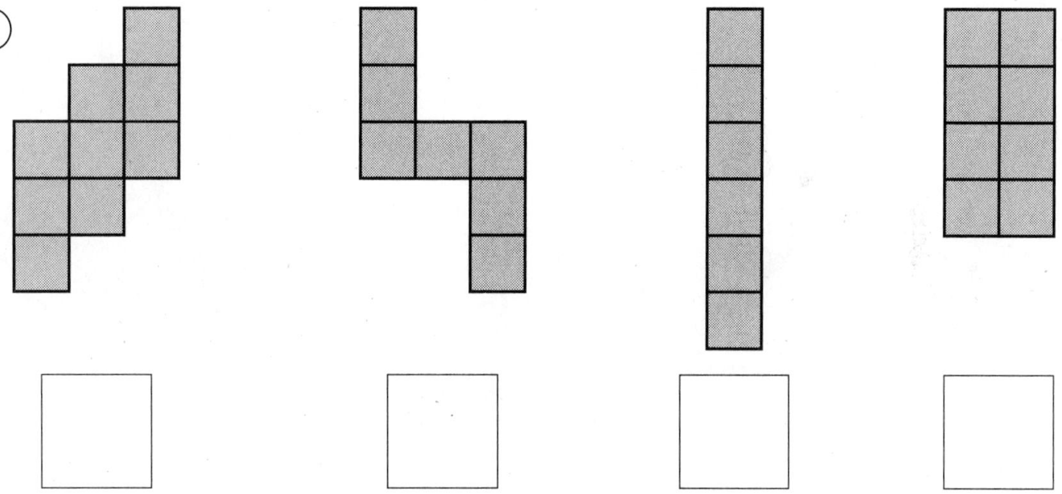

③

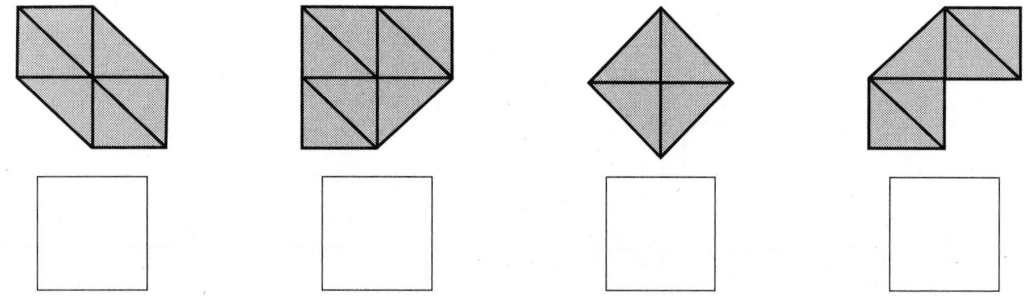

16 なんじなんぷん ①

なまえ

1 なんぷんに なりますか。すうじを かきましょう。

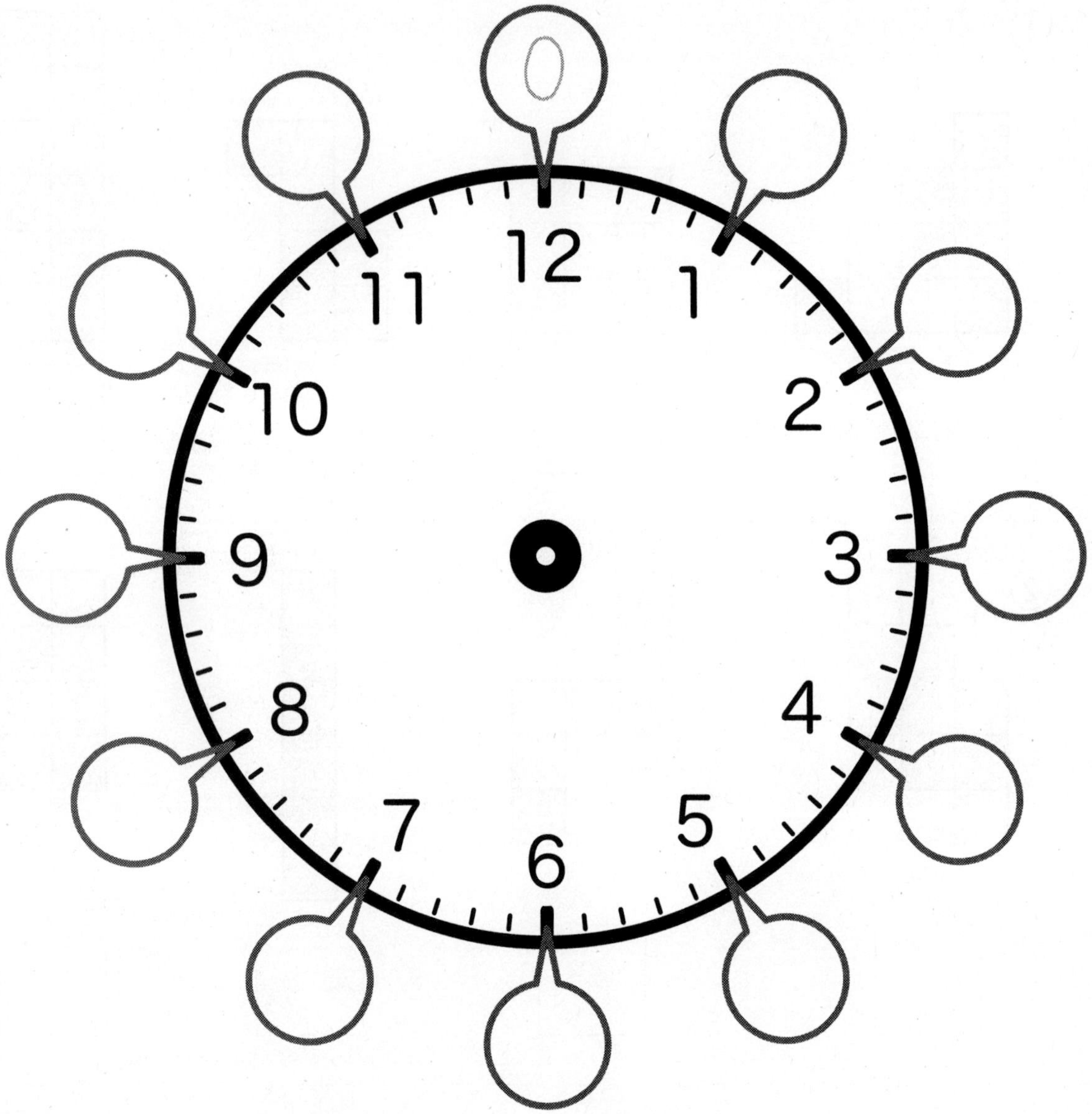

2 □に はいる すうじを かきましょう。

① 0 — 5 — □ — □ — □ — □ — 30

② 25 — □ — 35 — □ — □ — □ — 55

16 なんじなんぷん ②

なまえ

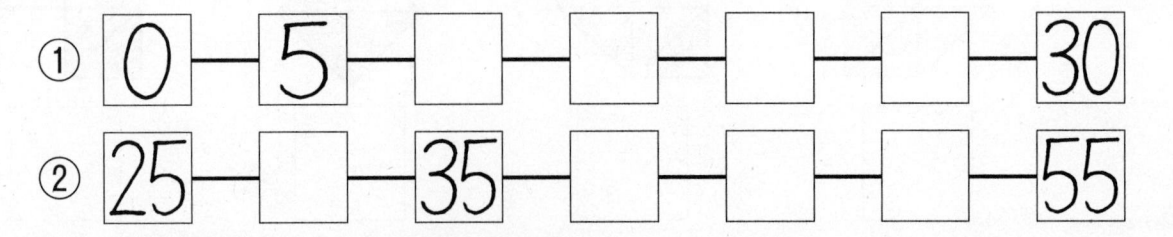

1 なんぷんに なりますか。すうじを かきましょう。

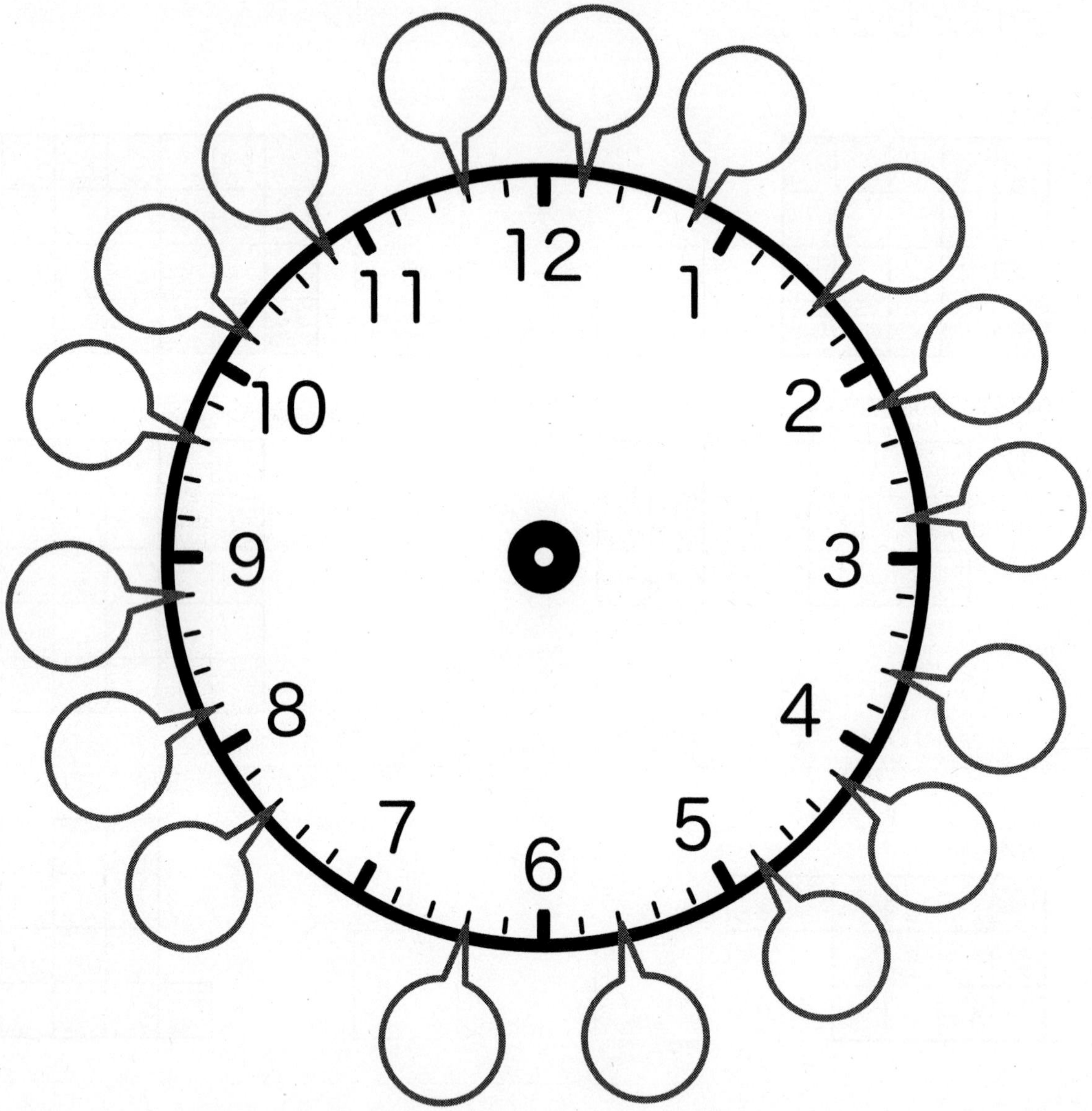

2 □に はいる すうじを かきましょう。

① 0 — 10 — □ — □ — □ — □ — 60

② 0 — □ — 30 — □ — □

16 なんじなんぷん ③

なまえ

なんぷん ですか。

① 4 ふん

② □ ふん

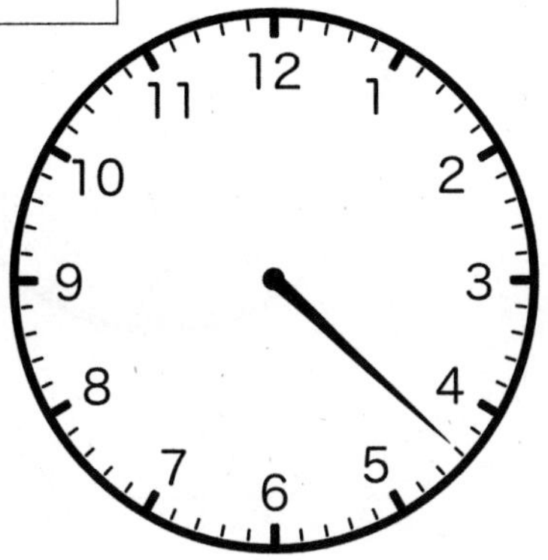

③ □ ぷん

④ □ ふん

⑤ □ ぷん

⑥ □ ぷん

16 なんじなんぷん ④

なまえ

なんぷんの はりを かきましょう。

① 2 ふん

② 13 ぷん

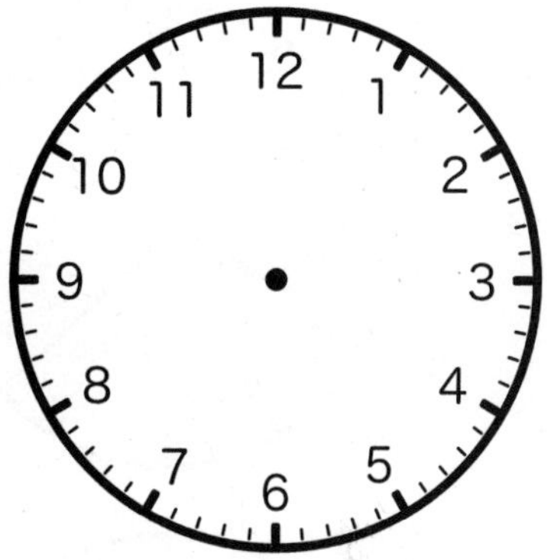

③ 18 ぷん

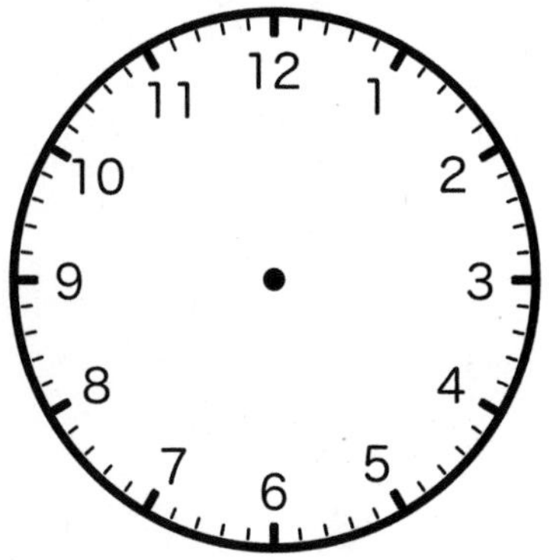

④ 32 ふん

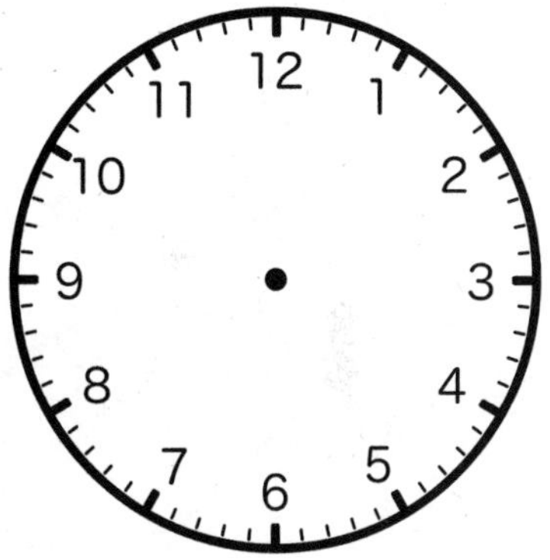

⑤ 44 ふん

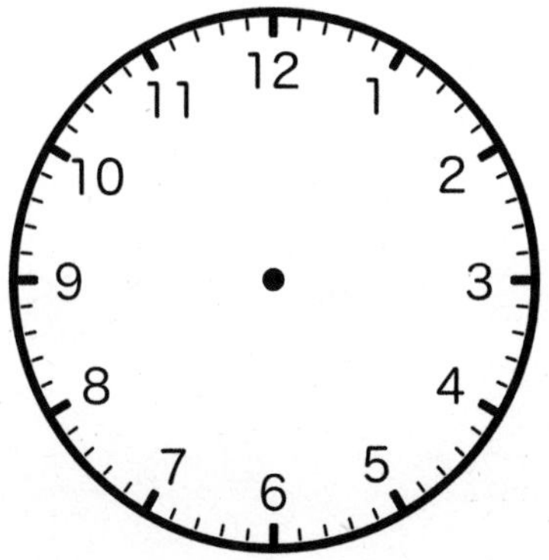

⑥ 56 ぷん

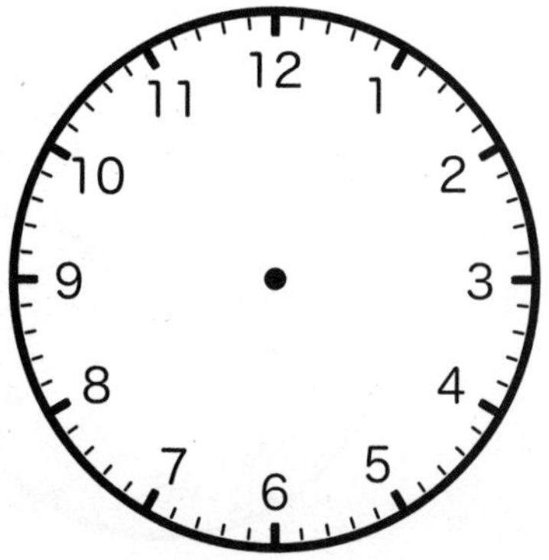

16 なんじなんぷん ⑤

なまえ

なんじ　なんぷん　ですか。せんで　むすびましょう。

①

●　　●　2じ 52ふん

②

●　　●　8じ 22ふん

③

●　　●　1じ 46ぷん

④

●　　●　12じ 38ぷん

16 なんじなんぷん ⑥

なまえ

なんじ　なんぷん　ですか。

①

じ　　ぷん

②

③

④

⑤

⑥

17 ずをつかってかんがえよう ①

なまえ

1 うさちゃんは、まえから　5ばんめに　います。
うさちゃんの　うしろに　3びき　います。
みんなで　なんびき　いますか。

ずの　□を　うめましょう。

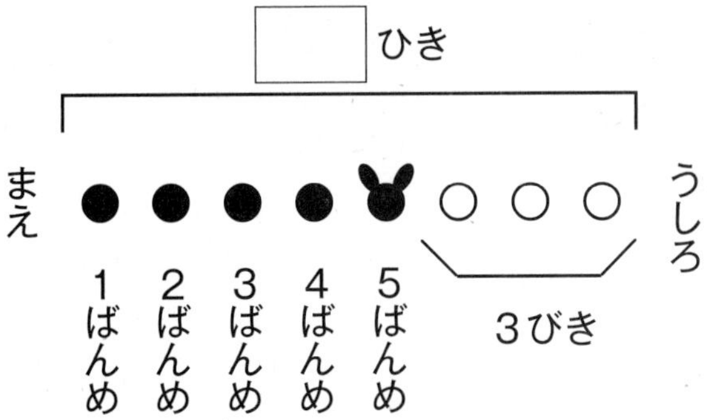

しき

こたえ　　　ひき

2 メイさんは　まえから　6ばんめ　です。メイさんの　うしろに3にん　います。みんなで　なんにん　いますか。

しき

こたえ　　　にん

17 ずをつかってかんがえよう ②

なまえ

1 12ひきの　れつが　あります。
うさちゃんは　まえから　5ばんめに　います。
うさちゃんの　うしろには　なんびき　いますか。

ずの　□を　うめましょう。

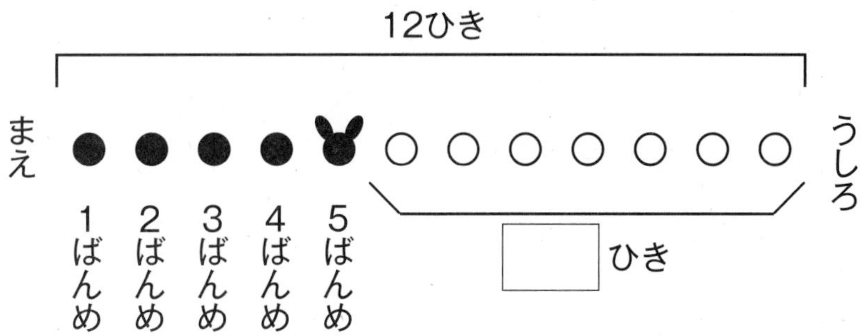

しき

こたえ　　　ひき

2 8にんの　れつが　あります。サムさんは　まえから　3ばんめに　います。サムさんの　うしろには　なんにん　いますか。

しき

こたえ　　　にん

17 ずをつかってかんがえよう ③

なまえ

1　5にんが、じてんしゃに　のっています。
じてんしゃは　あと、3だい　あります。
じてんしゃは　ぜんぶで　なんだい　ありますか。
ずの　□を　うめましょう。また、せんで　▲と●を むすびましょう。

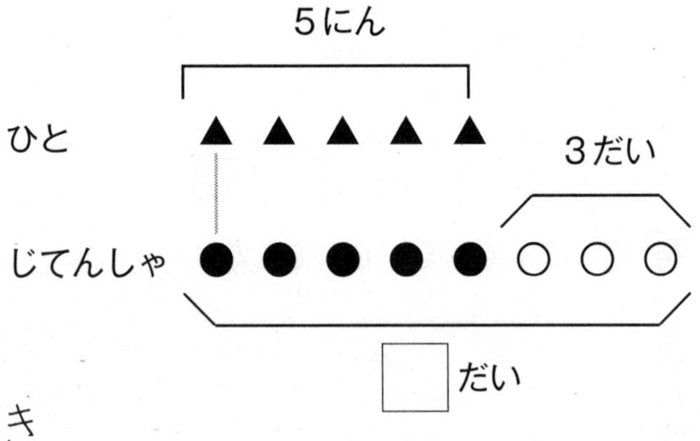

しき

こたえ　　　だい

2　6にんが　ひとり　1つずつ　いすに　すわっています。　いすは　あと　3つ　あります。　いすは　ぜんぶで　いくつ　ありますか。

しき

こたえ　　　つ

17 ずをつかってかんがえよう ④

なまえ

1　ケーキが　6こ　あります。
4にんが　1こずつ　たべました。
ケーキは　なんこ　のこって　いますか。
ずの　□を　うめましょう。また、せんで　▲と●を むすびましょう。

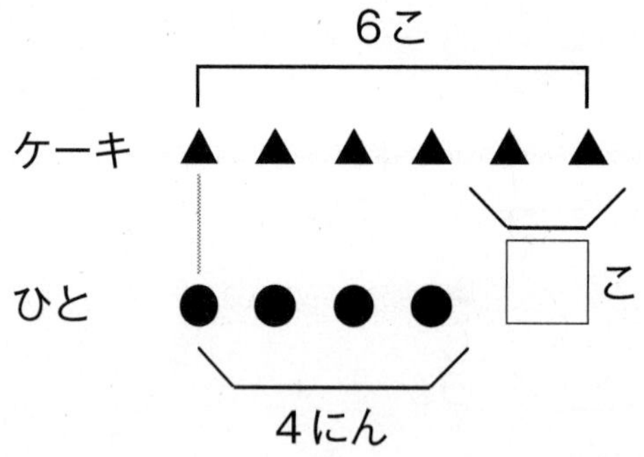

しき

こたえ　　　こ

2　プリンを　7こ　かいました。　3にんが　1こずつ　たべました。プリンは　なんこ　のこって　いますか。

しき

こたえ　　　こ

17 ずをつかってかんがえよう ⑤

なまえ

1 きんの　おりがみが　5まい　あります。
ぎんの　おりがみは　きんの　おりがみより　3まい　おおいです。
ぎんの　おりがみは　なんまい　ありますか。

ずの　つづきを　かきましょう。

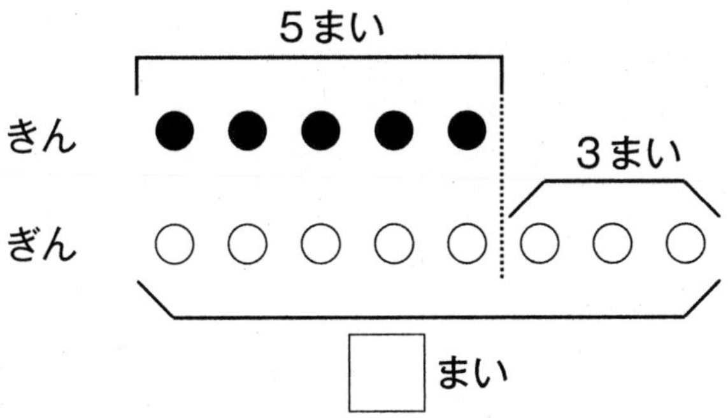

しき

こたえ　　まい

2 りんごを　6こ　かいました。いちごは　りんごより　5こ　おおく　かいました。いちごは　なんこ　かいましたか。

しき

こたえ　　こ

17 ずをつかってかんがえよう ⑥

なまえ

1 うさちゃんと　かえるくんは　くりひろいを　しました。
うさちゃんは　12こ　ひろいました。
かえるくんは、うさちゃんより　3こ　すくなく　ひろいました。
かえるくんは、なんこ　ひろいましたか。

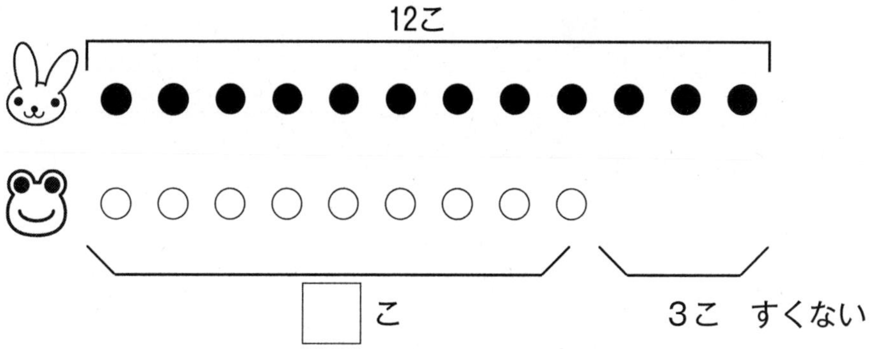

しき

こたえ　　こ

2 えんぴつを　12ほん　かいました。
けしごむは　えんぴつより　8こ　すくなく　かいました。
けしごむは　なんこ　かいましたか。

しき

こたえ　　こ

17 ずをつかってかんがえよう ⑦

なまえ

1 バスていに　ひとが　ならんでいます。
マリさんの　まえに　3にん　います。
マリさんの　うしろに　4にん　います。
ぜんぶで　なんにん　ならんで　いますか。

① ずの　つづきを　かきましょう。

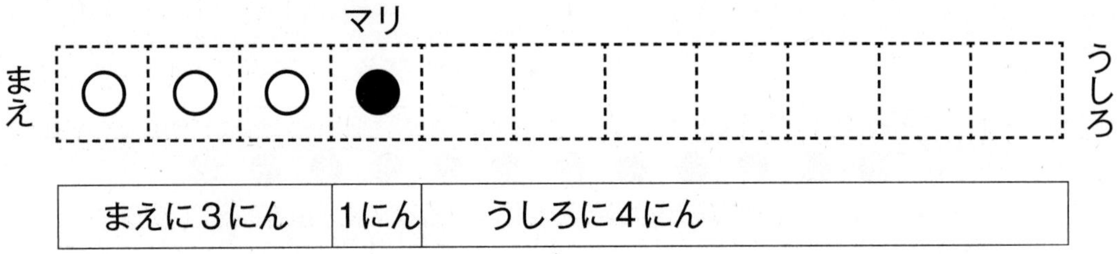

② しきと　こたえを　かきましょう。

しき

こたえ　　　にん

2 レジに　ひとが　ならんでいます。マリさんの　まえに　3にん　います。マリさんの　うしろに　5にんいます。
ぜんぶで　なんにん　ならんで　いますか。

しき

こたえ　　　にん

17 ずをつかってかんがえよう ⑧

なまえ

1 おみせの　れつで　メイさんは　まえから　4ばんめです。メイさんの　うしろに　3にん　います。みんなで　なんにん　いますか。

しき

こたえ　　　にん

2 6にんの　れつがあります。サムさんは　まえから　3ばんめに　います。サムさんの　うしろには　なんにん　いますか。

しき

こたえ　　　にん

3 レジに　ひとが　ならんで　います。マリさんの　まえに　ふたり（2にん）　います。マリさんの　うしろに　3にん　います。
ぜんぶで　なんにん　ならんで　いますか。

しき

こたえ　　　にん

18 かたちづくり ①

なまえ

なんまいで　できていますか。

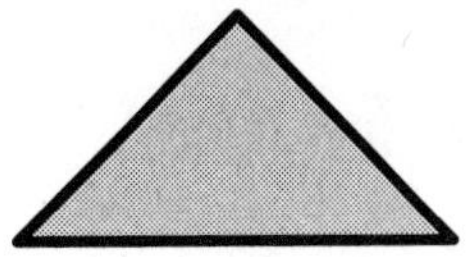

①

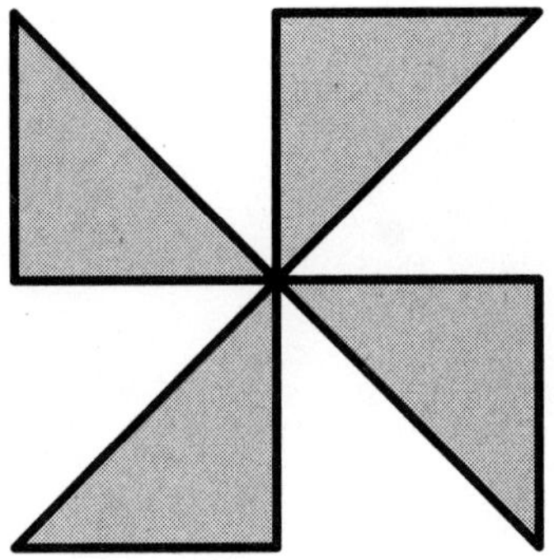

□ まい

②

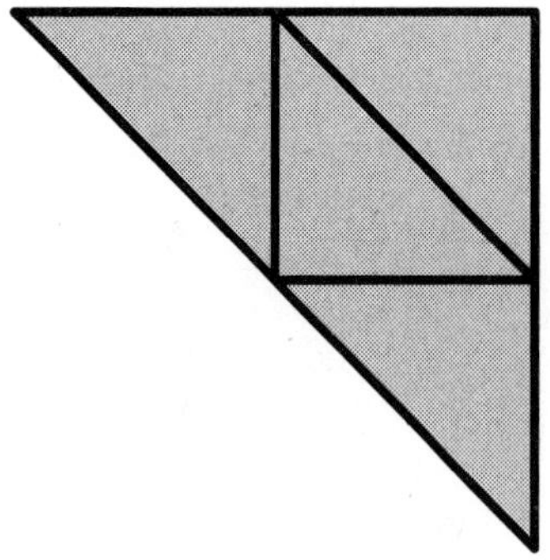

□ まい

③

□ まい

④

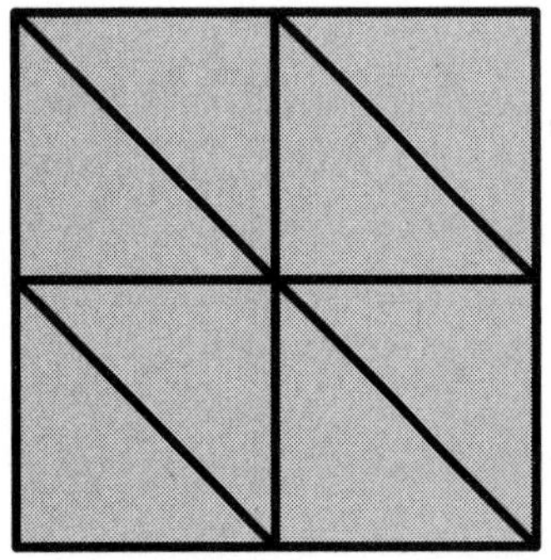

□ まい

18 かたちづくり ②

なまえ

４まいを　どのように　くみあわせて　できていますか。せんを ひきましょう。

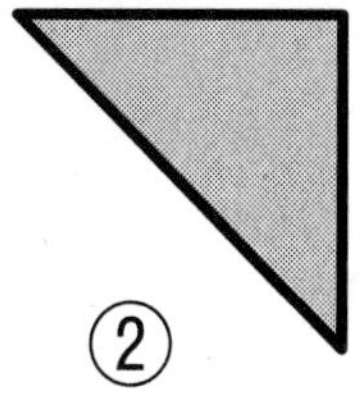

①

②

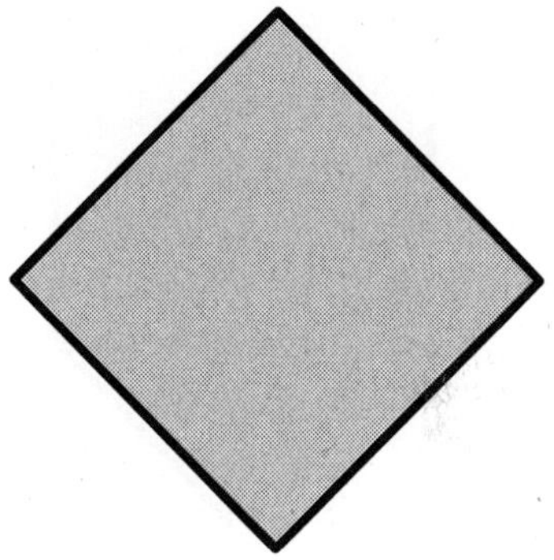

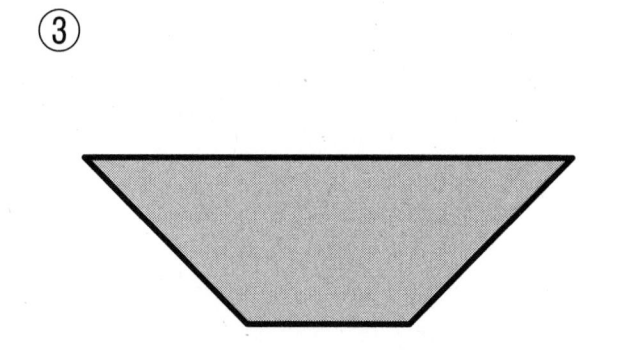

③

④

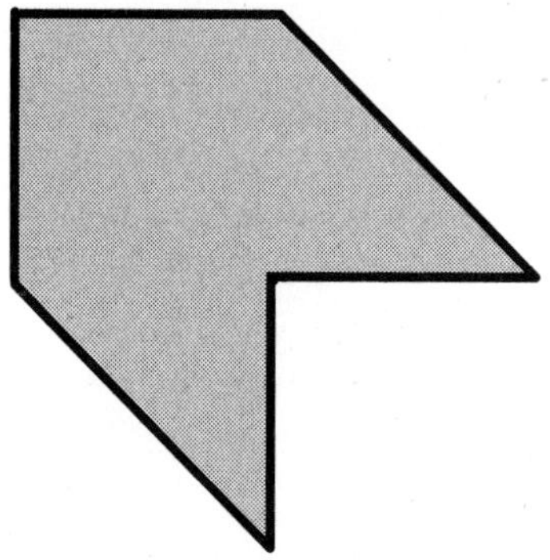

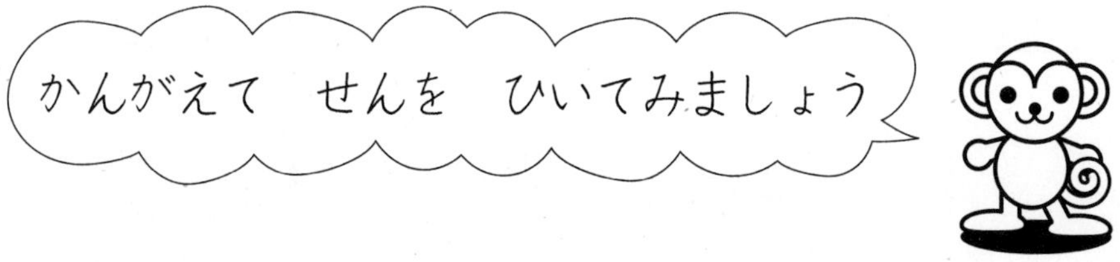

18 かたちづくり ③

なまえ

なんまいの　くみあわせで　できていますか。

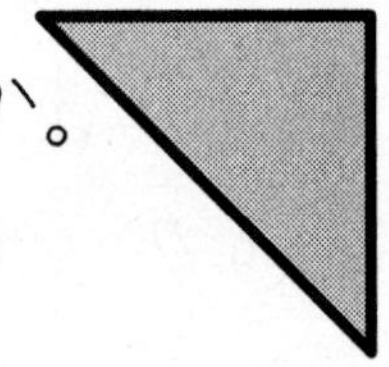

①

□ まい

②

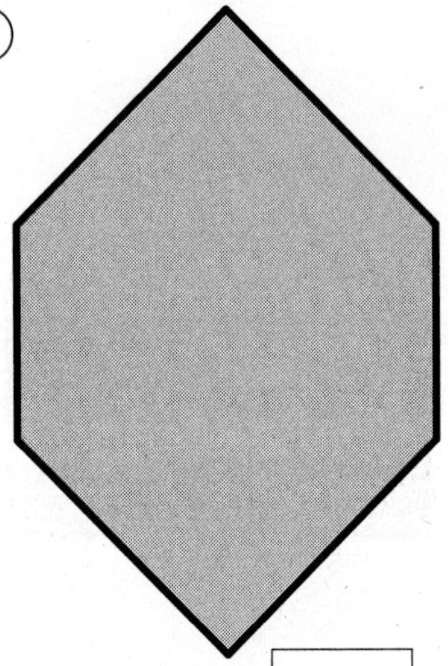

□ まい

③

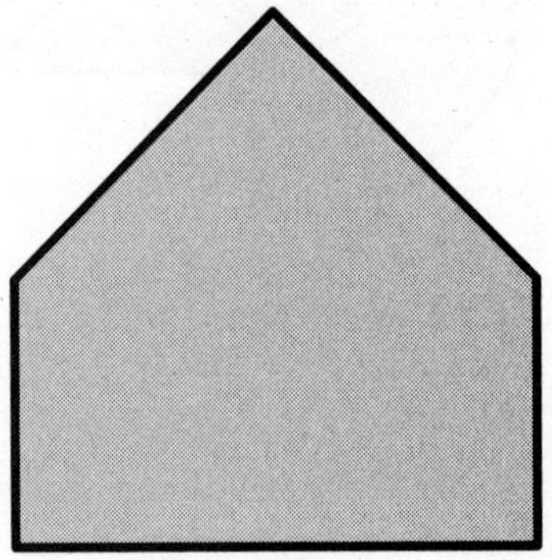

□ まい

④

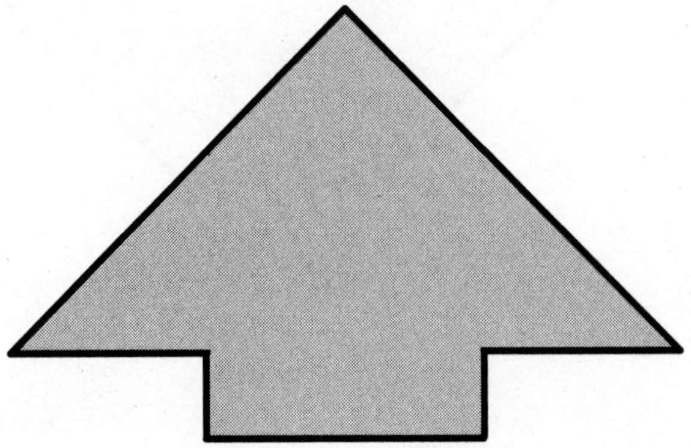

□ まい

18 かたちづくり ④

なまえ

●と●をつないで、いろいろな　かたちを　つくりましょう。

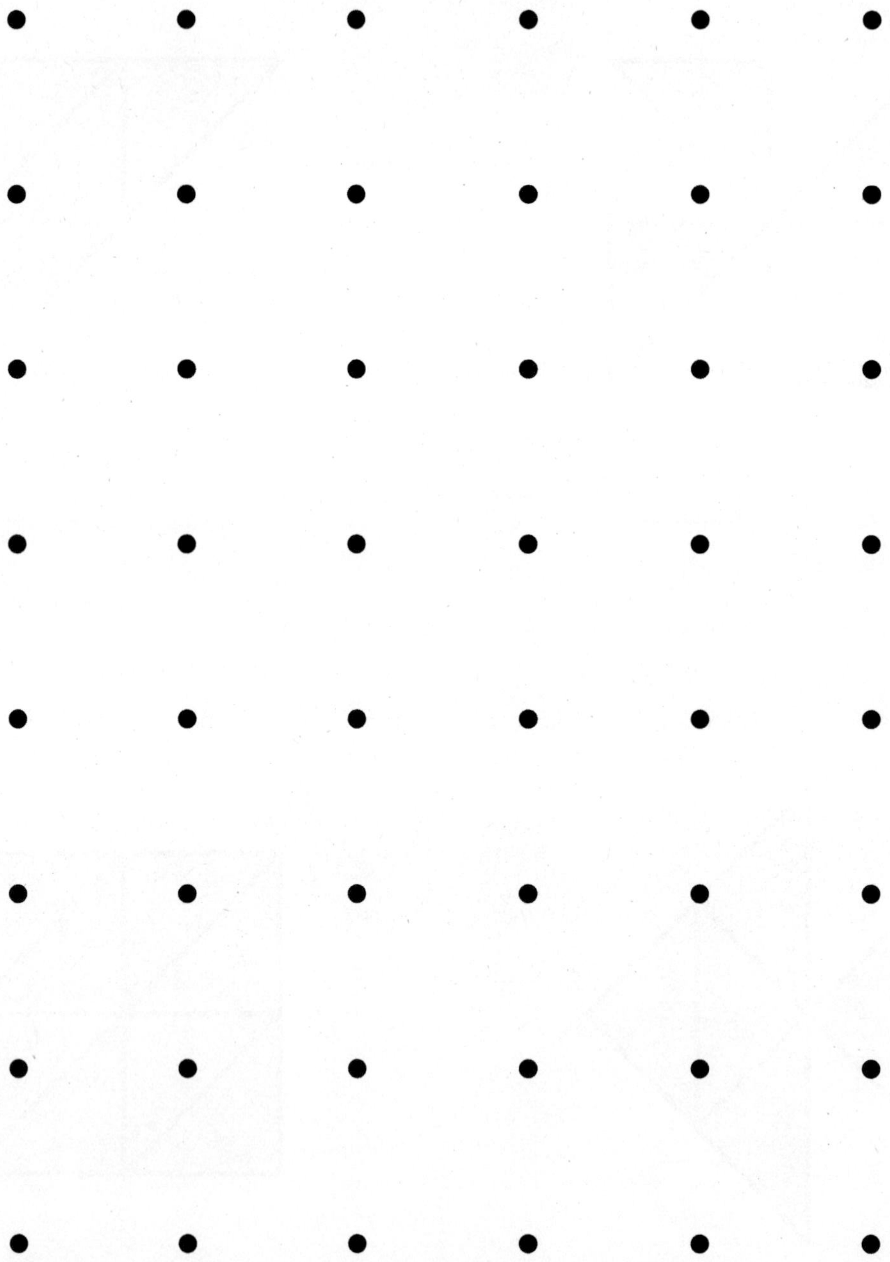

19 20よりおおきいかず ①

なまえ

❀ □に　かずを　かきましょう。

① 

10 こ　　10 こ　　6 こ

10 が 2 こ　で □

□ と □ で □

② 

□ こ　　□ こ　　□ こ

□ が □ こ　で □

19 20よりおおきいかず ②

なまえ

❀ ずを　みて、□に　かずを　かきましょう。

① 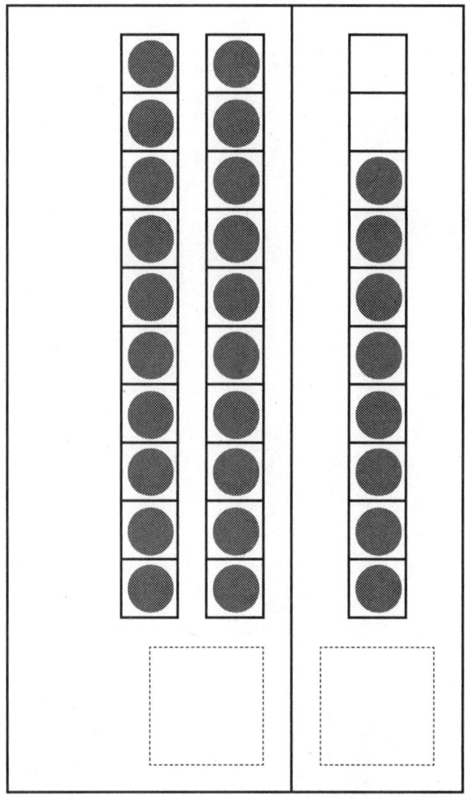

十のくらい	一のくらい

② 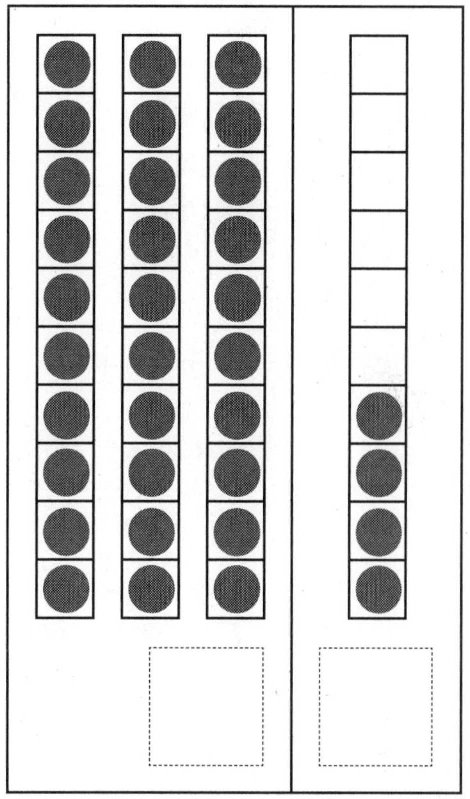

十のくらい	一のくらい

③ 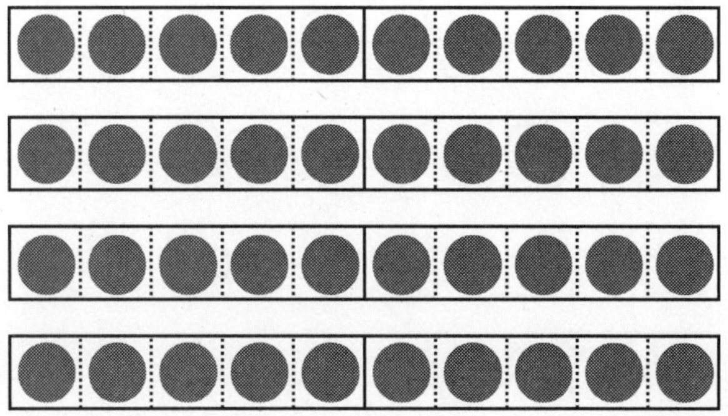

□

19 20よりおおきいかず ③

なまえ

1 かずを　かぞえましょう。

2 かずを　かぞえましょう。

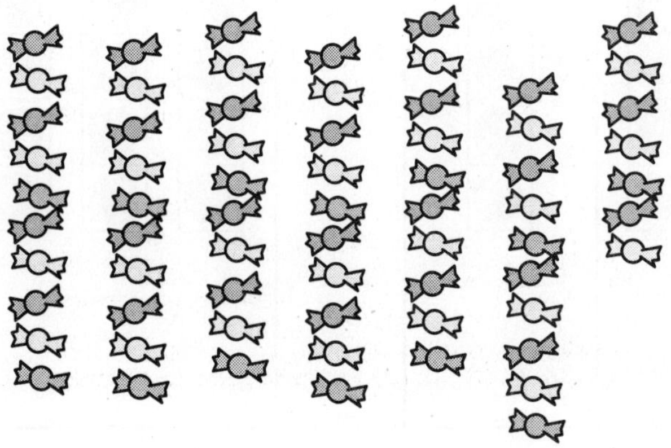

3 かずを　かぞえましょう。

19 20よりおおきいかず ④

なまえ

1 かずを　かぞえましょう。

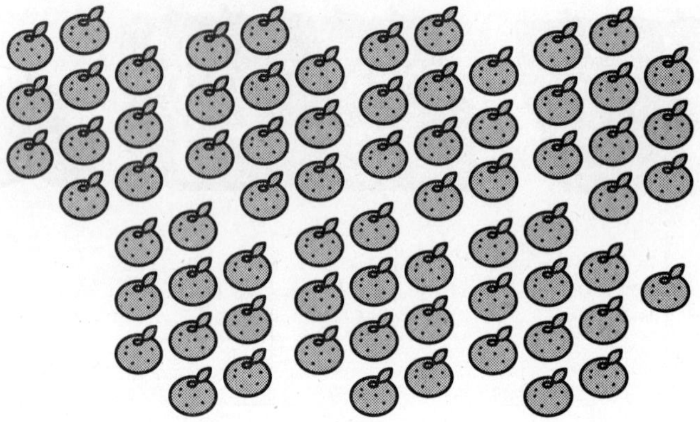

2 かずを　かぞえましょう。

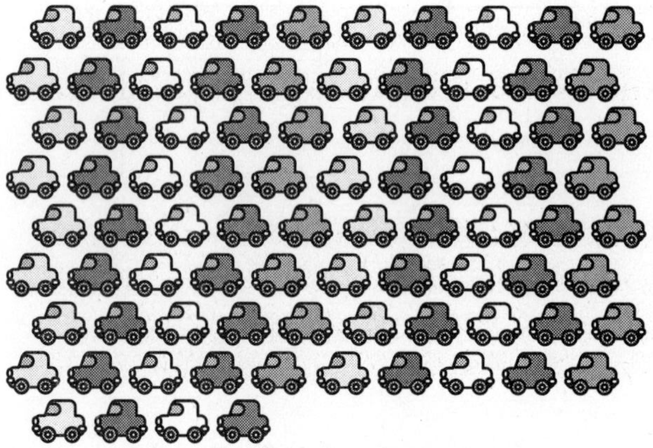

3 かずを　かぞえましょう。

19 20よりおおきいかず ⑤　なまえ

1　59を　あらわしましょう。

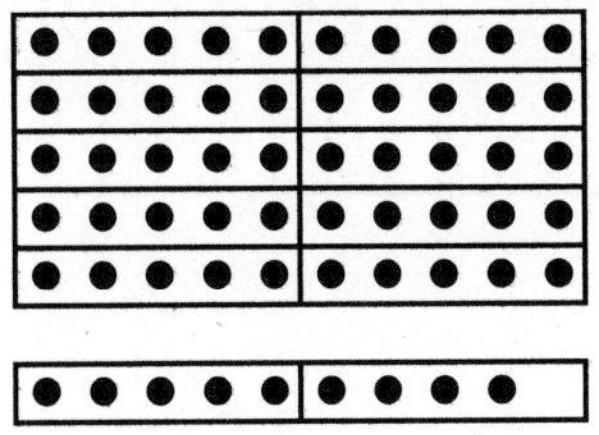

10 が 5 こ　で □

1 が 9 こ　で □

50 と 9 で　□

59 は　十のくらいが □ で　一のくらいが □

2　68を　あらわしましょう。

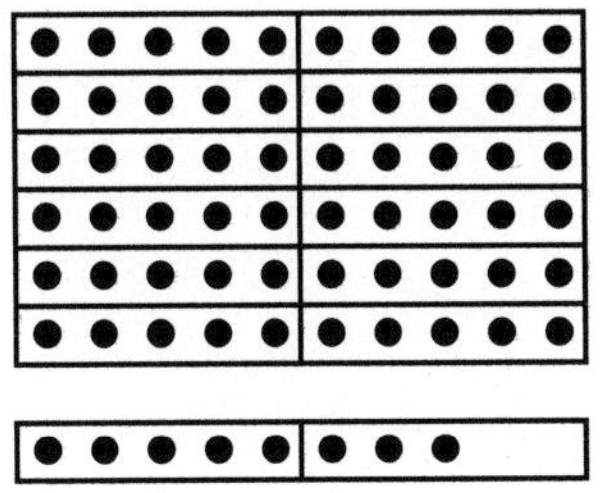

□ が □ こ　で □

□ が □ こ　で □

□ と □ で　□

68 は　十のくらいが □ で　一のくらいが □

19 20よりおおきいかず ⑥　なまえ

✿ □に　すうじを　かきましょう。

① 10 が 9こ　で □, 1 が 8こ

で □, □ と □ で □

② 10 が 7こ　で □, 1 が 9こ

で □, □ と □ で □

③ 10 が 6こで □

④ 87 は 10 が □ こと 1 が □ こ

⑤ 72 は 10 が □ こと 1 が □ こ

⑥ 53 は 10 が □ こと 1 が □ こ

⑦ 90 は 10 が □ こ

19 20よりおおきいかず ⑦ なまえ

1 □に　すうじを　かきましょう。

① 十のくらいが 3、一のくらいが 8 の　かず　は

□

② 十のくらいが 5、一のくらいが 9 の　かず　は

□

③ 十のくらいが 8、一のくらいが 4 の　かず　は

□

2 □に　すうじを　かきましょう。

① 80 の　十のくらいの　すうじは □,

一のくらいの　すうじは □

② 85 の　十のくらいの　すうじは □,

一のくらいの　すうじは □

③ 90 の　十のくらいの　すうじは □,

一のくらいの　すうじは □

19 20よりおおきいかず ⑧ なまえ

✿ かずの　せんを　つかって　こたえましょう。

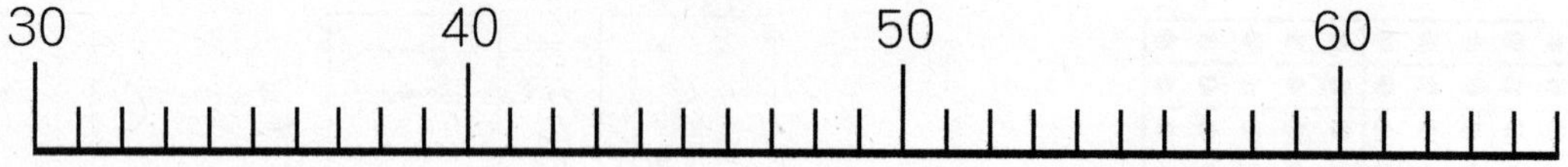

① 30 より　3 おおきい　かずは □

② 53 より　4 おおきい　かずは □

③ 35 より　2 おおきい　かずは □

④ 48 より　1 おおきい　かずは □

⑤ 33 より　3 ちいさい　かずは □

⑥ 64 より　2 ちいさい　かずは □

⑦ 53 より　1 ちいさい　かずは □

⑧ 42 より　2 ちいさい　かずは □

19 20よりおおきいかず ⑨

なまえ

かずの　せんを　つかって　こたえましょう。

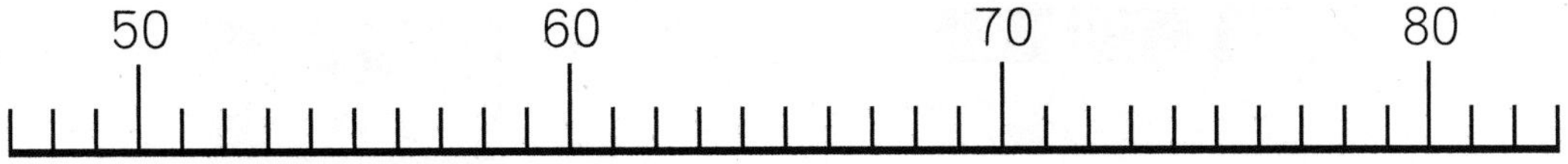

① おおきい　ほうに　○を　つけましょう。

㋐ 72（　　）　81（　　）

㋑ 70（　　）　68（　　）

㋒ 65（　　）　55（　　）

㋓ 78（　　）　87（　　）

② □に　はいる　すうじを　かきましょう。

㋐ 68 — 69 — □ — 71 — □ —

㋑ 20 — □ — 40 — 50 — □ —

㋒ 5 — 10 — □ — 20 — □ —

㋓ 16 — 18 — □ — □ — 24 —

19 20よりおおきいかず ⑩

なまえ

1 □に　すうじを　かきましょう。

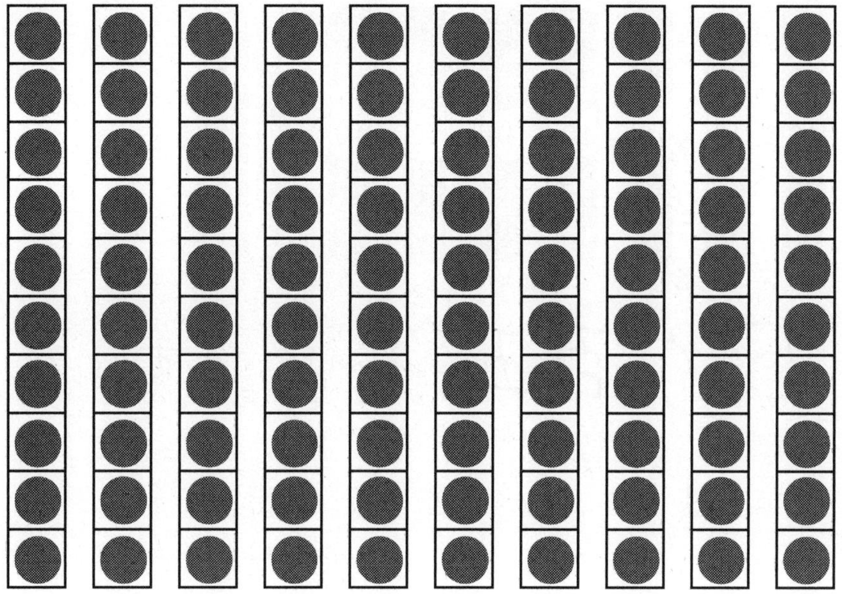

10が □ こで　百と　いいます。

百は □ と　かきます。

100は99より □ おおきい　かずです。

2 かぞえましょう。

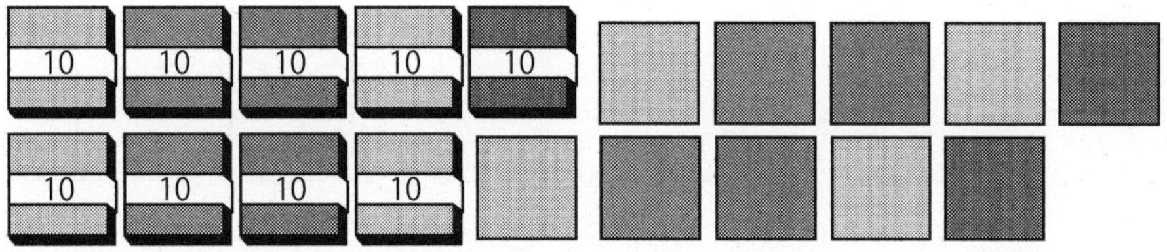

□

19 20よりおおきいかず ⑪ なまえ

1 かずを かぞえましょう。

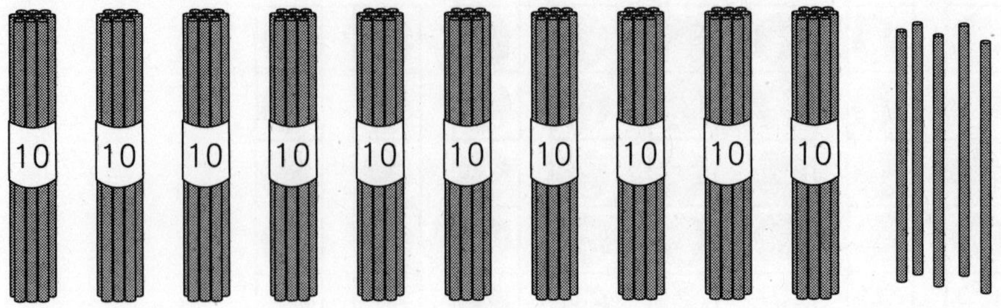

100 と 5 で 百五 と いいます。

百五 は □ と かきます。

2 かぞえましょう。

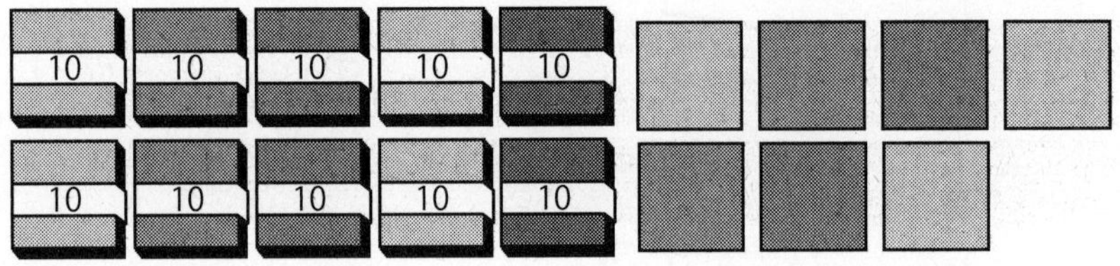

□

3 □に はいる すうじを かきましょう。

① －98－99－□－□－102－□－

② －109－□－111－□－113－□－

③ －118－□－□－121－□－□－

19 20よりおおきいかず ⑫ なまえ

1 いろがみは あわせて いくつに なりますか。

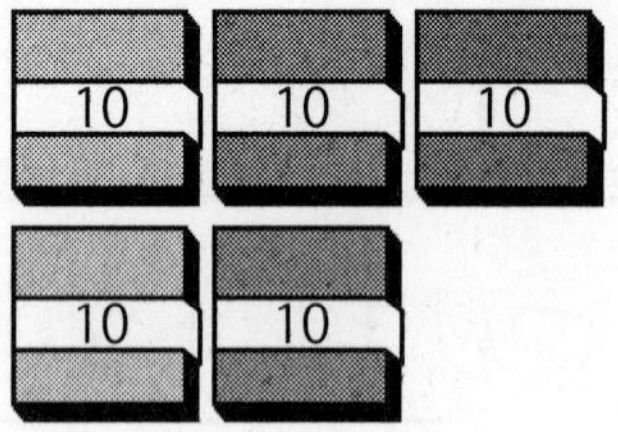

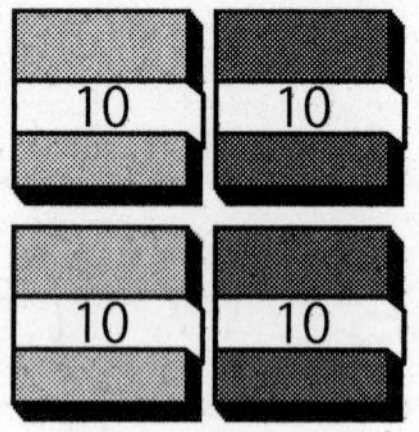

しき

こたえ　　　まい

2 けいさんを しましょう。

① $50+20=$ □

② $30+40=$ □

③ $60+40=$ □

④ $70+30=$ □

⑤ $40+60=$ □

19 20よりおおきいかず ⑬

なまえ

1 25＋3の　けいさんを　しましょう。

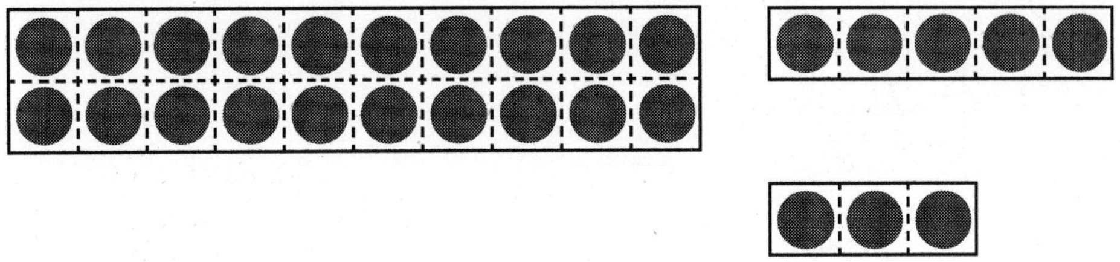

5

3

20　と　$5+3=$

しき　$20+\square=\square$

2 けいさんを　しましょう。

① $55+3=\square$

② $24+3=\square$

③ $54+3=\square$

④ $75+4=\square$

⑤ $62+4=\square$

19 20よりおおきいかず ⑭

なまえ

1 50まいあった　いろがみを　20まい　つかいました。のこりは　なんまいですか。

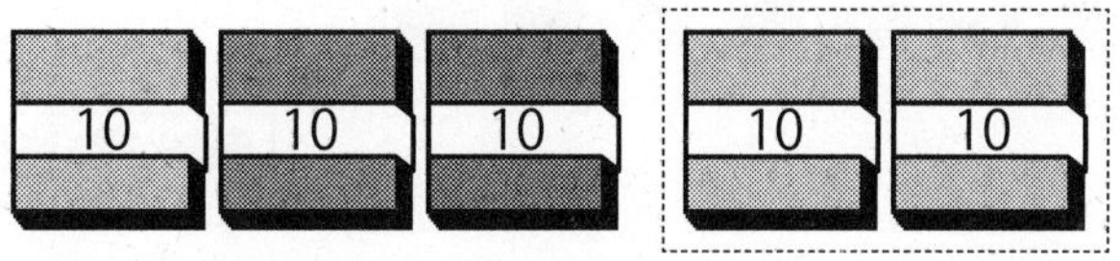

しき

こたえ　　　まい

2 けいさんを　しましょう。

① $50-20=\square$

② $80-40=\square$

③ $90-40=\square$

④ $70-30=\square$

⑤ $60-40=\square$

19 20よりおおきいかず ⑮ なまえ

1 25−3の　けいさんを　しましょう。

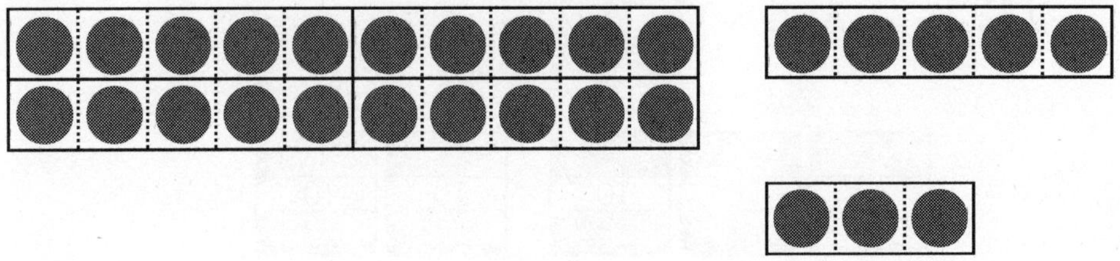

5

3

20　と　5−3＝

しき　20＋　＝□

2 けいさんを　しましょう。

① 55−2＝□

② 85−4＝□

③ 97−6＝□

④ 78−4＝□

⑤ 69−3＝□

19 20よりおおきいかず ⑯ なまえ

1 けいさんを　しましょう。

① 30＋40＝□

② 20＋60＝□

③ 3＋54＝□

④ 6＋60＝□

十のくらい、
一のくらい　どうしで
けいさんします

2 けいさんを　しましょう。

① 60−20＝□

② 80−30＝□

③ 97−7＝□

④ 68−6＝□

小学1年生　こたえ

〔p. 3〕 1 なかまづくりとかず ①

1 ①，③

3 1，

●	○	○	○	○
○	○	○	○	○

4

○				

1 なかまづくりとかず ②

1 ①，③

3 2，

●	●	○	○	○
○	○	○	○	○

4

○	○			

〔p. 4〕 1 なかまづくりとかず ③

1 ②，③

3 3，

●	●	●	○	○
○	○	○	○	○

4

○	○	○		

1 なかまづくりとかず ④

1 ①，③

3 4，

●	●	●	●	○
○	○	○	○	○

4

○	○	○	○	

〔p. 5〕 1 なかまづくりとかず ⑤

1 ①，②

3 5，

●	●	●	●	●
○	○	○	○	○

4

○	○	○	○	○

1 なかまづくりとかず ⑥

1 ①，③

3 6，

●	●	●	●	●
●	○	○	○	○

4

○	○	○	○	○
○				

〔p. 6〕 1 なかまづくりとかず ⑦

1 ②，③

3 7，

●	●	●	●	●
●	●	○	○	○

4

○	○	○	○	○
○	○			

1 なかまづくりとかず ⑧

1 ①，③

3 8，

●	●	●	●	●
●	●	●	○	○

4

○	○	○	○	○
○	○	○		

〔p. 7〕 1 なかまづくりとかず ⑨

1 ①，③

3 9，

●	●	●	●	●
●	●	●	●	○

4

○	○	○	○	○
○	○	○	○	

1 なかまづくりとかず ⑩

1 ①，③

3 10，

●	●	●	●	●
●	●	●	●	●

4

○	○	○	○	○
○	○	○	○	○

〔p. 8〕 1 なかまづくりとかず ⑪

1

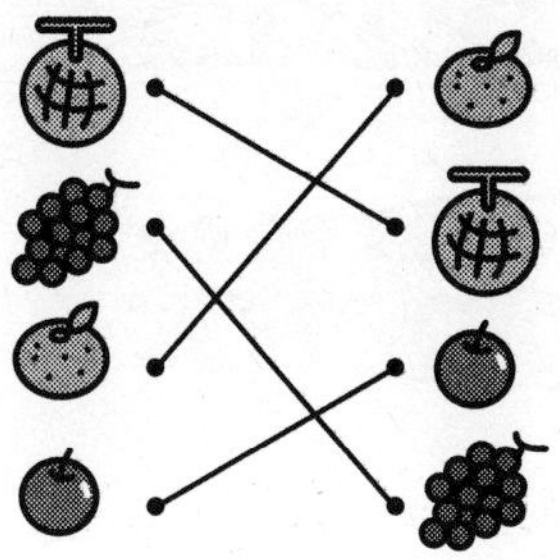

2

1 なかまづくりとかず ⑫

✿

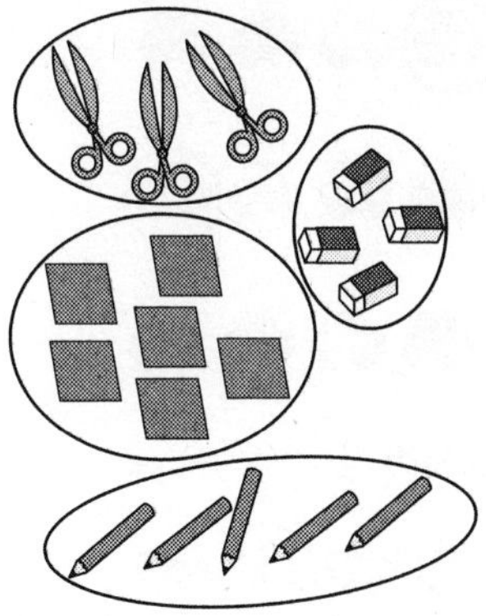

〔p. 9〕 1 なかまづくりとかず ⑬

✿ ① 3　② 4

③ 5　④ 2

⑤ 8　⑥ 6

1 なかまづくりとかず ⑭

✿ ① 5　② 3

③ 1　④ 7

⑤ 10　⑥ 9

〔p. 10〕 1 なかまづくりとかず ⑮

✿

1 なかまづくりとかず ⑯

✿

〔p. 11〕 1 なかまづくりとかず ⑰

✿

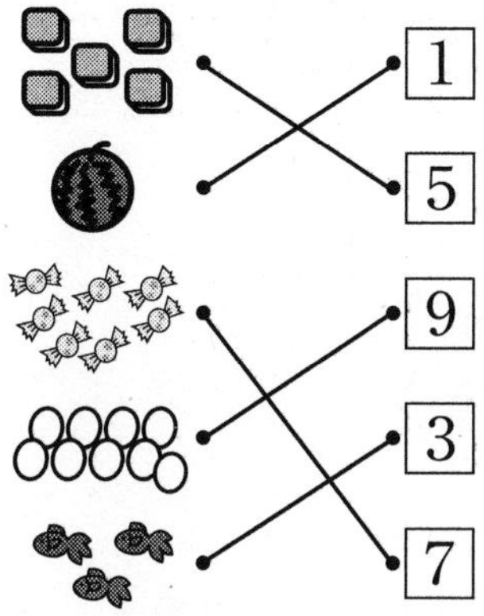

1 なかまづくりとかず ⑱

✿

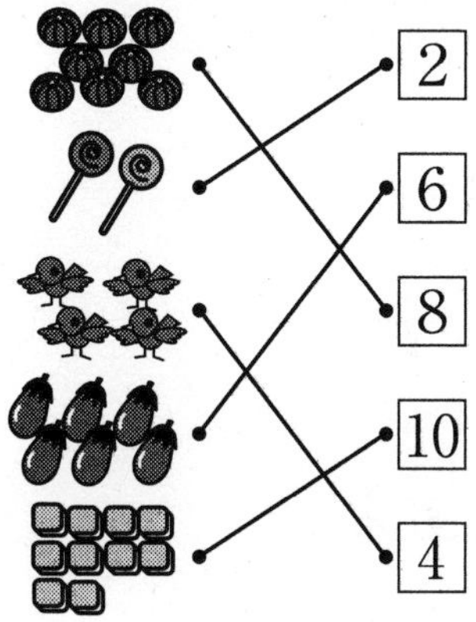

〔p. 12〕 1 なかまづくりとかず ⑲

1 ①

(○)　(　)　(　)

②

(　)　(○)　(　)

3　① 3　② 2　③ 0　④ 1

1 なかまづくりとかず ⑳

✿ ① 3，2，0
② 2，0，1
③ 4，2，0
④ 3，0，1

〔p. 13〕 1 なかまづくりとかず ㉑

✿ ① 3，6
② 5，6
③ 4，6
④ 5，6，8，9
⑤ 6，8，10
⑥ 3，5，7
⑦ 5，6，9，10

1 なかまづくりとかず ㉒

✿ ① 8，5
② 7，5
③ 6，5
④ 9，7，5
⑤ 4，3，2
⑥ 7，5，4，2
⑦ 10，8，6

〔p. 14〕 2 なんばんめ ①

✿

2 なんばんめ ②

✿ ①

②

③

④

〔p. 15〕 2 なんばんめ ③

✿ ①

②

③

④

⑤

2 なんばんめ ④

✿ ①

②

③

④

⑤

〔p. 16〕 2 なんばんめ ⑤

✿ ①

②

③

2 なんばんめ ⑥

✿ ①

②

③

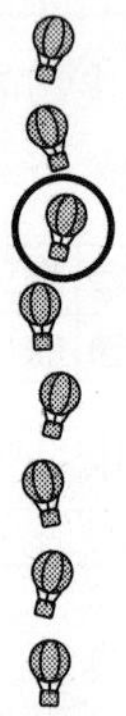

〔p. 17〕 2 なんばんめ ⑦

✿ ①

②

③

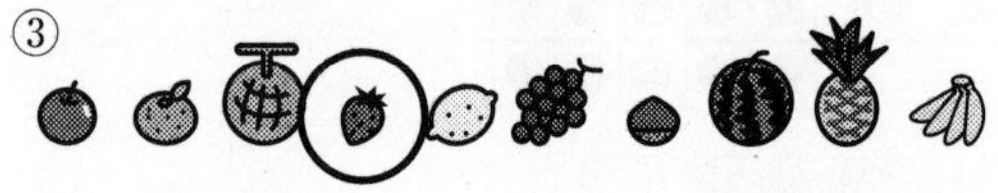

④

⑤

2 なんばんめ ⑧

✿ ①

②

③

④

⑤

〔p. 18〕 2 なんばんめ ⑨

✿ ① 5，2
② 3，4
③ 2，5
④ 4，3

2 なんばんめ ⑩

✿ ① 2，5
② 3，4
③ 5，2
④ 4，3
⑤ 1，6

〔p. 19〕 3 いくつといくつ ①

1　① ●が1こ，○が3こ
② ●が2こ，○が2こ
③ ●が3こ，○が1こ

2　① 3　② 1
③ 2　④ 2
⑤ 1　⑥ 3

3 いくつといくつ ②

[1] ① ●が1こ，○が4こ
② ●が2こ，○が3こ
③ ●が3こ，○が2こ
④ ●が4こ，○が1こ

[2] ① 2　② 3
③ 3　④ 2
⑤ 4　⑥ 1
⑦ 1　⑧ 4

〔p. 20〕 3 いくつといくつ ③

[1] ① ●が1こ，○が5こ
② ●が2こ，○が4こ
③ ●が3こ，○が3こ
④ ●が4こ，○が2こ
⑤ ●が5こ，○が1こ

[2] ① 5　② 2
③ 3　④ 4
⑤ 4　⑥ 3
⑦ 2　⑧ 5

3 いくつといくつ ④

[1] ① ●が1こ，○が6こ
② ●が2こ，○が5こ
③ ●が3こ，○が4こ
④ ●が4こ，○が3こ
⑤ ●が5こ，○が2こ
⑥ ●が6こ，○が1こ

[2] ① 6，1，4
3，2，5
② 1，4，3
2，5，6

〔p. 21〕 3 いくつといくつ ⑤

[1] ① ●が1こ，○が7こ
② ●が2こ，○が6こ
③ ●が3こ，○が5こ
④ ●が4こ，○が4こ
⑤ ●が5こ，○が3こ
⑥ ●が6こ，○が2こ
⑦ ●が7こ，○が1こ

[2] 7，6，5
4，3，2
1

3 いくつといくつ ⑥

[1] ① ●が1こ，○が8こ
② ●が2こ，○が7こ
③ ●が3こ，○が6こ
④ ●が4こ，○が5こ
⑤ ●が5こ，○が4こ
⑥ ●が6こ，○が3こ
⑦ ●が7こ，○が2こ
⑧ ●が8こ，○が1こ

[2] 8，7，6
5，4，3
2，1

〔p. 22〕 3 いくつといくつ ⑦

① ●が1こ，○が9こ
② ●が2こ，○が8こ
③ ●が3こ，○が7こ
④ ●が4こ，○が6こ
⑤ ●が5こ，○が5こ
⑥ ●が6こ，○が4こ
⑦ ●が7こ，○が3こ
⑧ ●が8こ，○が2こ
⑨ ●が9こ，○が1こ

3 いくつといくつ ⑧

① 9　② 7
③ 4　④ 3
⑤ 5　⑥ 2
⑦ 3　⑧ 1
⑨ 6　⑩ 9
⑪ 8　⑫ 5
⑬ 1　⑭ 8
⑮ 7　⑯ 6
⑰ 2　⑱ 4

〔p. 23〕 3 いくつといくつ ⑨

① 3　② 2　③ 2
④ 4　⑤ 1　⑥ 4
⑦ 2　⑧ 1　⑨ 3
⑩ 3　⑪ 5　⑫ 3

3 いくつといくつ ⑩

① 4　② 4　③ 2
④ 2　⑤ 3　⑥ 5
⑦ 4　⑧ 6　⑨ 1
⑩ 3　⑪ 2　⑫ 5

〔p. 24〕 3 いくつといくつ ⑪

① 7　② 9　③ 8
④ 8　⑤ 9　⑥ 7
⑦ 9　⑧ 7　⑨ 7
⑩ 8　⑪ 8　⑫ 9

3 いくつといくつ ⑫

① 8　② 4　③ 1
④ 10　⑤ 3　⑥ 4
⑦ 10　⑧ 2　⑨ 10
⑩ 6　⑪ 7　⑫ 5

〔p. 25〕 4 あわせていくつ ①

① 3
② 4
③ 5

4 あわせていくつ ②

① $2 + 3 = 5$　こたえ　5こ
② $1 + 2 = 3$　こたえ　3だい
③ $2 + 2 = 4$　こたえ　4ひき

〔p. 26〕 4 あわせていくつ ③

① $3 + 1 = 4$　こたえ　4こ
② $2 + 1 = 3$　こたえ　3びき
③ $4 + 1 = 5$　こたえ　5こ
④ $3 + 2 = 5$　こたえ　5こ

4 あわせていくつ ④

① $3 + 2 = 5$　こたえ　5こ
② $2 + 1 = 3$　こたえ　3こ
③ $1 + 4 = 5$　こたえ　5こ
④ $1 + 2 = 3$　こたえ　3こ

〔p. 27〕 4 ふえるといくつ ⑤

① 4，4
② 3，3
③ 5，5

4 ふえるといくつ ⑥

① $5 + 3 = 8$　こたえ　8こ
② $1 + 5 = 6$　こたえ　6だい
③ $5 + 2 = 7$　こたえ　7こ

〔p. 28〕 4 ふえるといくつ ⑦

[1] $6 + 3 = 9$　こたえ　9だい
[2] $4 + 3 = 7$　こたえ　7わ
[3] $5 + 3 = 8$　こたえ　8ひき

4 ふえるといくつ ⑧

[1] $4 + 3 = 7$　こたえ　7こ
[2] $6 + 4 = 10$　こたえ　10にん

〔p. 29〕 4 たしざん ⑨

① 4
② 3
③ 5
④ 5
⑤ 9
⑥ 8
⑦ 9
⑧ 9

4 たしざん ⑩

① 10
② 7

③ 6
④ 10
⑤ 10
⑥ 9
⑦ 8
⑧ 10

〔p. 30〕 **4 たしざん ⑪**

❀ ① 4＋0＝4　こたえ　4ひき
② 0＋3＝3　こたえ　3こ
③ 0＋4＝4　こたえ　4こ

4 たしざん ⑫

✿ ① 5
② 10
③ 10
④ 6
⑤ 10
⑥ 10
⑦ 7
⑧ 8

〔p. 31〕 **5 のこりはいくつ ①**

❀ ① 3
② 3
③ 2
④ 1

5 のこりはいくつ ②

✿ ① 5－3＝2　こたえ　2こ
② 4－2＝2　こたえ　2こ
③ 5－2＝3　こたえ　3こ

〔p. 32〕 **5 のこりはいくつ ③**

❀ ① 4－1＝3　こたえ　3こ
② 3－1＝2　こたえ　2ひき
③ 5－1＝4　こたえ　4こ
④ 5－2＝3　こたえ　3こ

5 のこりはいくつ ④

✿ ① 8－3＝5　こたえ　5こ
② 6－3＝3　こたえ　3こ
③ 9－3＝6　こたえ　6こ
④ 7－2＝5　こたえ　5こ

〔p. 33〕 **5 のこりはいくつ ⑤**

[1] 3－1＝2　こたえ　2だい
[2] 6－2＝4　こたえ　4わ
[3] 5－2＝3　こたえ　3ぼん

5 のこりはいくつ ⑥

[1] 4－3＝1　こたえ　1こ
[2] 5－2＝3　こたえ　3にん

〔p. 34〕 **5 のこりはいくつ ⑦**

❀ ① 5
② 1
③ 2
④ 4
⑤ 3
⑥ 3
⑦ 6
⑧ 2

5 のこりはいくつ ⑧

✿ ① 4
② 3
③ 4
④ 6
⑤ 5
⑥ 6
⑦ 3
⑧ 8

〔p. 35〕 **5 ちがいはいくつ ⑨**

[1] 8－5＝3　こたえ　3ぼん
[2] 5－3＝2　こたえ　2わ

5 ちがいはいくつ ⑩

[1] 8－6＝2　こたえ　2こ
[2] 7－4＝3　こたえ　3ぼん

〔p. 36〕 **5 ちがいはいくつ ⑪**

[1] 5－3＝2　こたえ　プリンが　2こ　おおい
[2] 8－6＝2
こたえ　パンダが　2ひき　おおい

5 ちがいはいくつ ⑫

[1] 7－3＝4　こたえ　バスが　4だい　おおい
[2] 8－4＝4　こたえ　メロンが　4こ　おおい

〔p. 37〕 **6 10よりおおきいかず ①**

❀ ① 10と1，11
② 10と2，12
③ 10と3，13
④ 10と4，14
⑤ 10と5，15
⑥ 10と0，10

6 10よりおおきいかず ②

✿ ① 10と6，16
② 10と7，17
③ 10と8，18
④ 10と9，19
⑤ 10と10，20
⑥ 10と5，15

〔p. 38〕 **6 10よりおおきいかず ③**

❀ ① 12
② 17
③ 16
④ 15
⑤ 14
⑥ 13
⑦ 18
⑧ 19

6 10よりおおきいかず ④

✿ ① 5
② 4
③ 7
④ 6
⑤ 9
⑥ 10
⑦ 8
⑧ 3

〔p. 39〕 **6 10よりおおきいかず ⑤**

❀ ① 10
② 5
③ 10
④ 6
⑤ 10
⑥ 1
⑦ 10
⑧ 10

6 10よりおおきいかず ⑥

✿ ① 11，14
② 13
③ 17
④ 15
⑤ 20
⑥ 11，14
⑦ 15，19
⑧ 17，20

〔p. 40〕 **6 10よりおおきいかず ⑦**

❀ ① 12
② 16
③ 19
④ 17
⑤ 13
⑥ 10
⑦ 14

⑧ 13

6 10よりおおきいかず ⑧

✿ ① 11
② 15
③ 11
④ 20
⑤ 18
⑥ 17
⑦ 14
⑧ 20

〔p. 41〕 6 10よりおおきいかず ⑨

✿ ① 15
② 15
③ 17
④ 20
⑤ 17
⑥ 18
⑦ 19
⑧ 20

6 10よりおおきいかず ⑩

✿ ① 14
② 16
③ 16
④ 17
⑤ 17
⑥ 19
⑦ 18
⑧ 20

〔p. 42〕 6 10よりおおきいかず ⑪

✿ ① 5
② 12
③ 11
④ 13
⑤ 11
⑥ 3
⑦ 14
⑧ 10

6 10よりおおきいかず ⑫

✿ ① 6
② 7
③ 11
④ 4
⑤ 10
⑥ 12
⑦ 14
⑧ 16

〔p. 43〕 7 なんじなんじはん ①

✿ ① 3じ　② 9じ
③ 7じ　④ 8じ
⑤ 6じ　⑥ 12じ
⑦ 5じ　⑧ 11じ

7 なんじなんじはん ②

✿ ① 　② 
③ 　④ 
⑤ 　⑥ 
⑦ 　⑧ 

〔p. 44〕 7 なんじなんじはん ③

✿ ① 12じはん　② 9じはん
③ 7じはん　④ 1じはん
⑤ 6じはん　⑥ 5じはん
⑦ 8じはん　⑧ 3じはん

7 なんじなんじはん ④

✿ ① 　② 
③ 　④ 
⑤ 　⑥ 
⑦ 　⑧ 

〔p. 45〕 8 かずしらべ ①

✿ 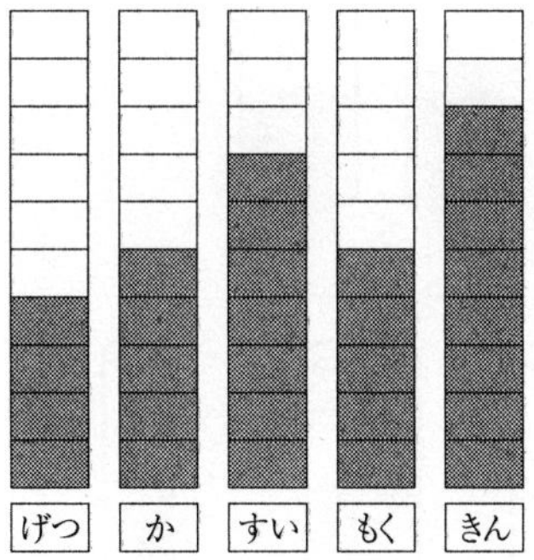

8 かずしらべ ②

✿ ① 4こ
② きんようび
③ すいようび
④ 4こ，5こ，7こ，5こ，8こ
⑤ かようび　と　もくようび

〔p. 46〕 9 どちらがながい ①

✿ ① ( )
(○)
( ) 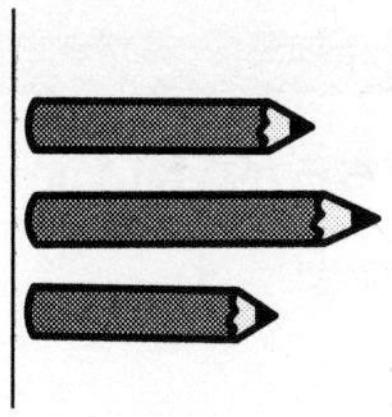
② (○)
( )
( ) 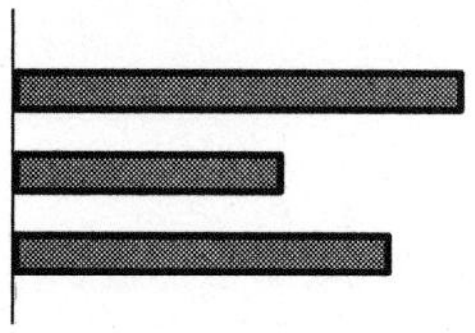
③ (○)
( )
( ) 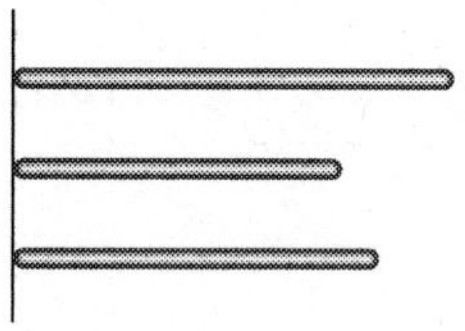

9 どちらがながい ②

✿ ①  □
○
②  □
○
③ 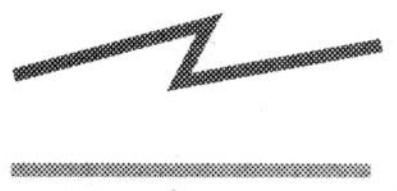 ○
□

〔p. 47〕 9 どちらがながい ③

✿ ① たて
② よこ

9 どちらがながい ④

✿ ① つくえのよこ
② つくえのたかさ
③ まどのはば

〔p. 48〕 9 どちらがながい ⑤

1 ① 5
② 4

2 (　　) 

(○) 

9 どちらがながい ⑥

✿ ①　㋐ 15　㋑ 4　㋒ 7　㋓ 13

②　㋐

③　㋑

④　15 − 4 = 11　こたえ　11ます

〔p. 49〕 10 3つのかずのけいさん ①

✿ 3，3　3 + 3 + 3 = 9　こたえ　9にん

10 3つのかずのけいさん ②

✿ ①　6

②　7

③　9

④　10

⑤　14

⑥　15

⑦　16

⑧　17

⑨　19

⑩　20

〔p. 50〕 10 3つのかずのけいさん ③

✿ 3，3　9 − 3 − 3 = 3　こたえ　3にん

10 3つのかずのけいさん ④

✿ ①　9

②　6

③　2

④　1

⑤　2

⑥　5

⑦　4

⑧　12

⑨　12

⑩　1

〔p. 51〕 10 3つのかずのけいさん ⑤

✿ 3，4　6 − 3 + 4 = 7　こたえ　7にん

10 3つのかずのけいさん ⑥

✿ ①　11

②　13

③　18

④　15

⑤　10

⑥　10

⑦　10

⑧　7

⑨　14

⑩　15

〔p. 52〕 11 どちらがおおい ①

✿ ①　㋐　②　㋐

11 どちらがおおい ②

✿ ①

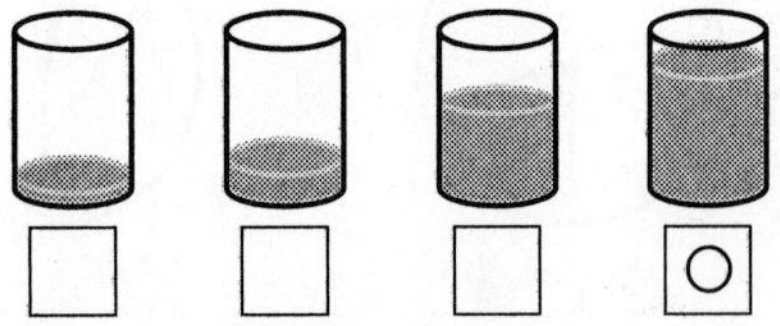

②

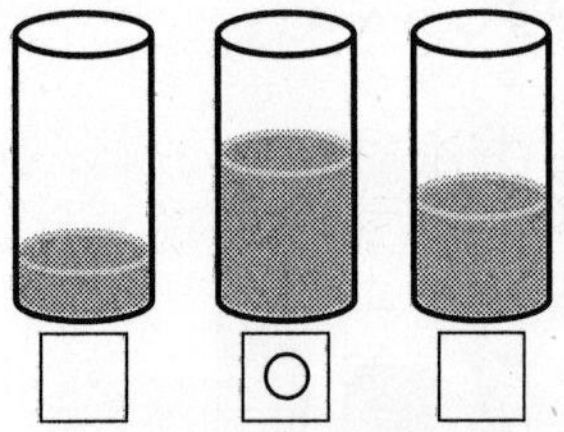

③

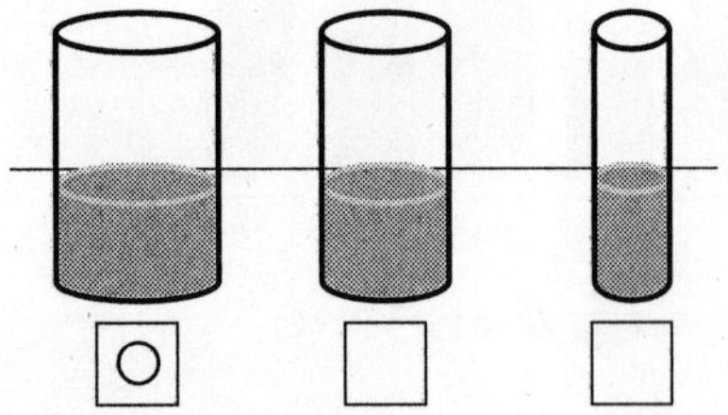

〔p. 53〕 11 どちらがおおい ③

✿ ①　㋐ 5　㋑ 7

②　㋑，2

11 どちらがおおい ④

✿ ①　㋐ 3　㋑ 6　㋒ 7

②　㋒

〔p. 54〕 12 くりあがりのたしざん ①

✿ ①　2　②　1

③　3　④　4

⑤　5　⑥　6

⑦　7　⑧　8

12 くりあがりのたしざん ②

✿ ①　12

②　11

③　13

④　14

⑤　15

⑥　16

⑦　17

⑧　18

〔p. 55〕 12 くりあがりのたしざん ③

1　9 + 3　2，2，12

10 ← 1　2

2　9 + 6　5，5，15

10 ← 1　5

3　9 + 8　7，7，17

10 ← 1　7

12 くりあがりのたしざん ④

1　8 + 3　1，1，11

10 ← 2　1

2　8 + 6　4，4，14

10 ← 2　4

3　7 + 4　1，1，11

10 ← 3　1

〔p. 56〕 12 くりあがりのたしざん ⑤

✿ ①　12

②　11

③　12

④　10

⑤　14

⑥　13

⑦　10

⑧　11

12 くりあがりのたしざん ⑥

✿ ①　10

②　12

③　11

④　11

⑤　13

⑥　10

⑦　10

⑧　14

〔p. 57〕 12 くりあがりのたしざん ⑦

✿ ①　11

②　15

③　18

④　11

⑤　12

⑥　12

⑦　14

⑧　10

12 くりあがりのたしざん ⑧

✿ ①　16

②　13

③　11

④　14

⑤　12

⑥　12

⑦　13

⑧　17

〔p. 58〕 12 くりあがりのたしざん ⑨

✿ ①　13

②　18

③ 12
④ 11
⑤ 16
⑥ 14
⑦ 15
⑧ 12

12 くりあがりのたしざん ⑩

✿ ① 13
② 13
③ 14
④ 11
⑤ 16
⑥ 12
⑦ 15
⑧ 14

〔p. 59〕 12 くりあがりのたしざん ⑪

1 9＋2＝11 こたえ 11こ
2 6＋7＝13 こたえ 13びき
3 8＋7＝15 こたえ 15まい

12 くりあがりのたしざん ⑫

1 4＋8＝12 こたえ 12こ
2 5＋9＝14 こたえ 14わ
3 4＋7＝11 こたえ 11こ

〔p. 60〕 13 かたちあそび ①

1
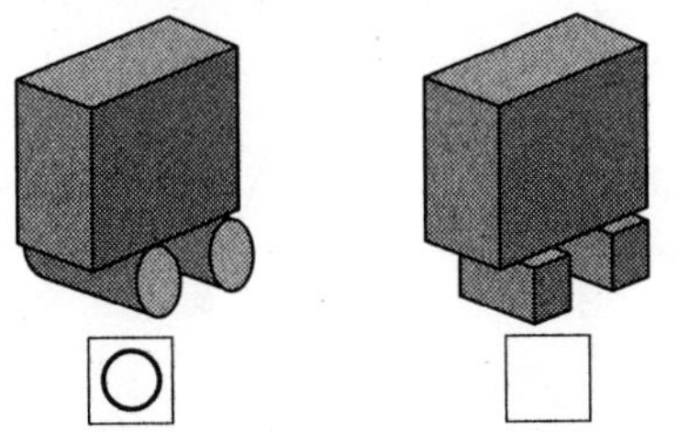

2
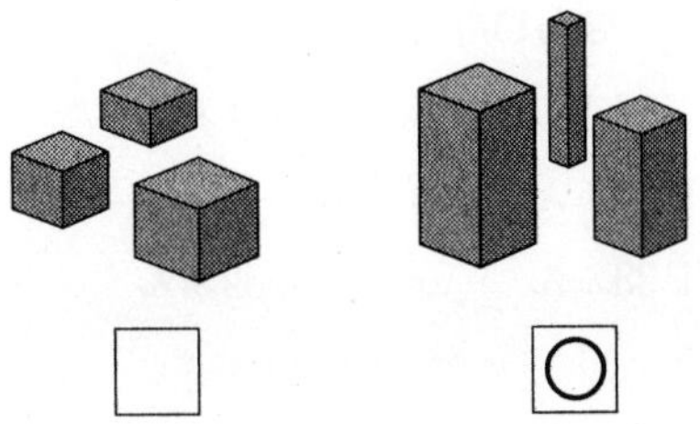

13 かたちあそび ②

1
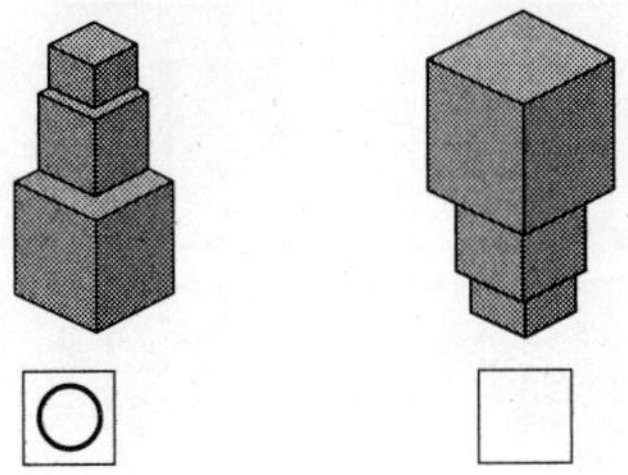

2
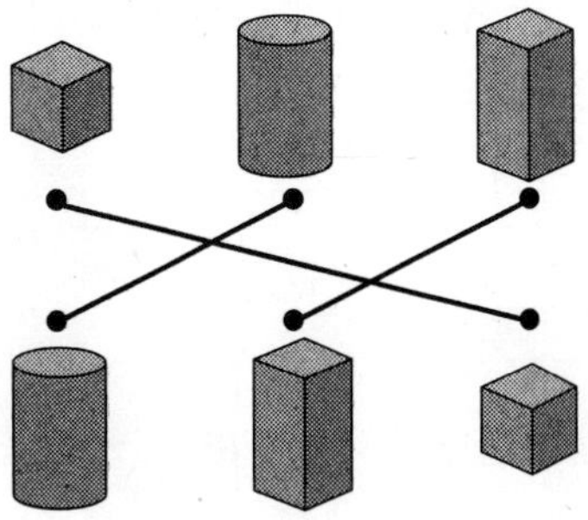

〔p. 61〕 13 かたちあそび ③

1
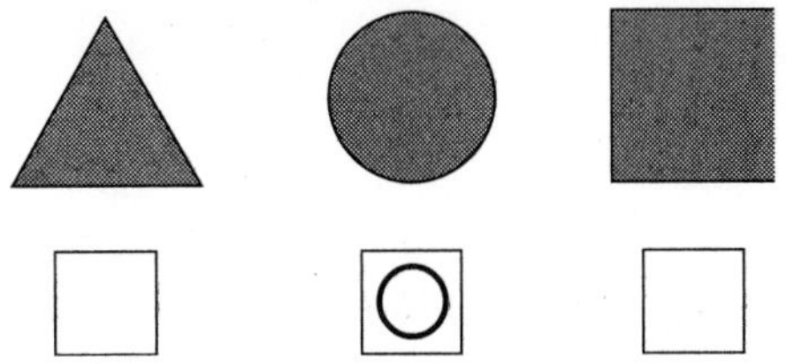

2
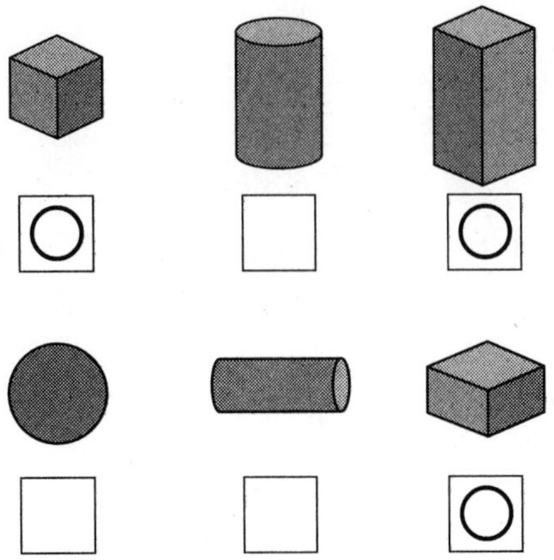

13 かたちあそび ④

✿
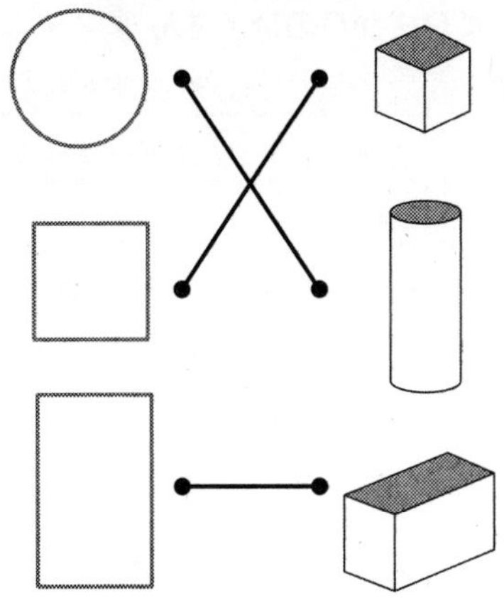

〔p. 62〕 14 くりさがりのひきざん ①

✿ ① 2
② 9
③ 3
④ 4
⑤ 5
⑥ 6
⑦ 7
⑧ 8

14 くりさがりのひきざん ②

✿ ① 7
② 8
③ 6
④ 4
⑤ 2
⑥ 1
⑦ 3
⑧ 5

〔p. 63〕 14 くりさがりのひきざん ③

1 13－9 3，1，1，3，4
10 3

2 12－9 2，1，1，2，3
10 2

3 ① 5
② 6

14 くりさがりのひきざん ④

1 14－8 4，2，2，4，6
10 4

2 11－8 1，2，2，1，3
10 1

3 ① 4
② 7

〔p. 64〕 14 くりさがりのひきざん ⑤

1 12－7 2，3，3，2，5
10 2

2 13－6 3，4，4，3，7
10 3

3 ① 8
② 9

14 くりさがりのひきざん ⑥

✿ ① 2
② 6
③ 7
④ 9
⑤ 5
⑥ 6
⑦ 6
⑧ 9
⑨ 7

〔p. 65〕 14 くりさがりのひきざん ⑦

✿ ① 6
② 8
③ 5
④ 9
⑤ 8
⑥ 7
⑦ 9

⑧ 7

⑨ 8

14 くりさがりのひきざん ⑧

① 2

② 6

③ 7

④ 9

⑤ 5

⑥ 6

⑦ 6

⑧ 9

⑨ 7

〔p. 66〕 14 くりさがりのひきざん ⑨

① 8

② 4

③ 8

④ 9

⑤ 6

⑥ 6

⑦ 8

⑧ 9

⑨ 6

14 くりさがりのひきざん ⑩

① 7

② 9

③ 8

④ 6

⑤ 9

⑥ 9

⑦ 9

⑧ 5

⑨ 9

〔p. 67〕 14 くりさがりのひきざん ⑪

1 12－9＝3　こたえ　3ぼん

2 13－7＝6　こたえ　6まい

3 14－8＝6　こたえ　6にん

14 くりさがりのひきざん ⑫

1 15－9＝6　こたえ　いぬが6ひきおおい

2 14－7＝7　こたえ　チョコケーキが7こおおい

3 17－9＝8　こたえ　りんごが8こおおい

〔p. 68〕 15 どちらがひろい ①

1 ①

②

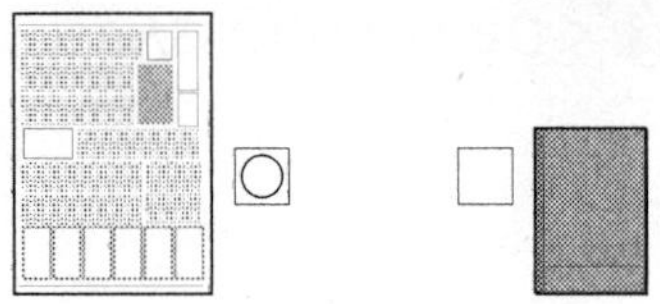

2 2，4，3，1

15 どちらがひろい ②

1 ①

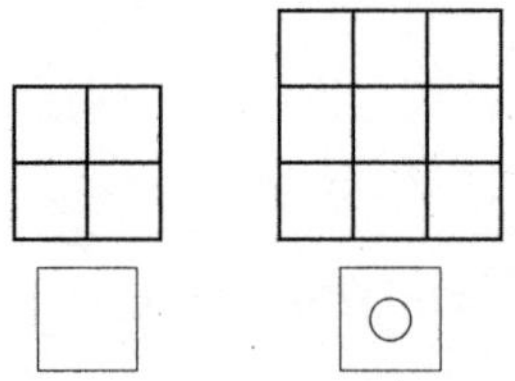

②

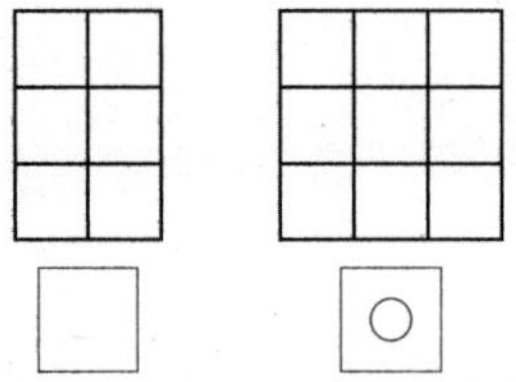

③

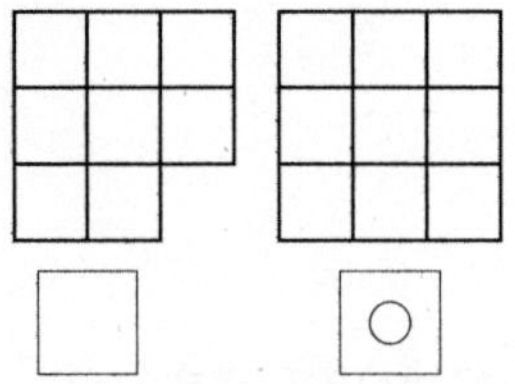

④

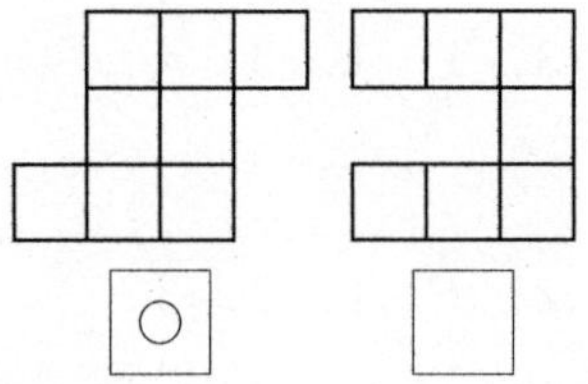

2 2，3，4，1

〔p. 69〕 15 どちらがひろい ③

①

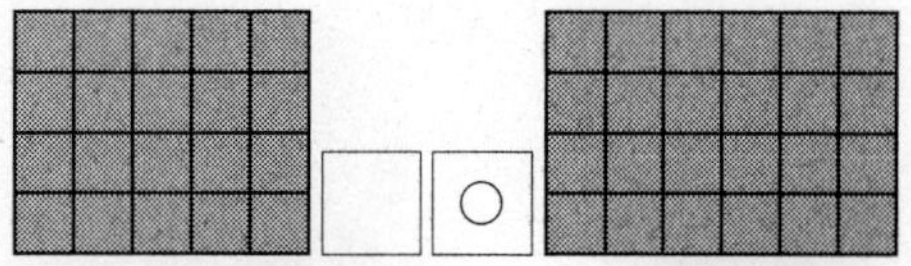

②

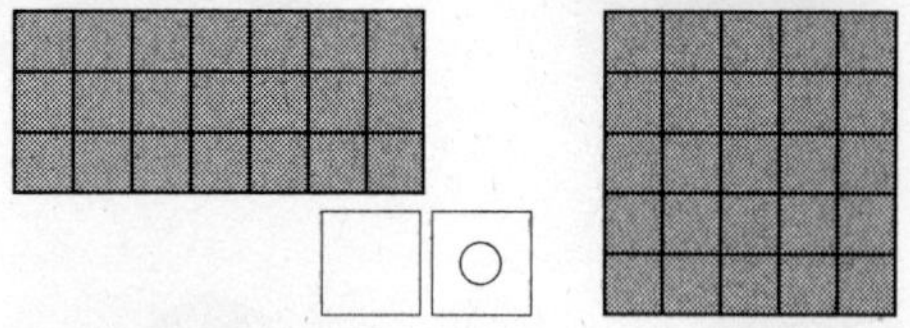

③

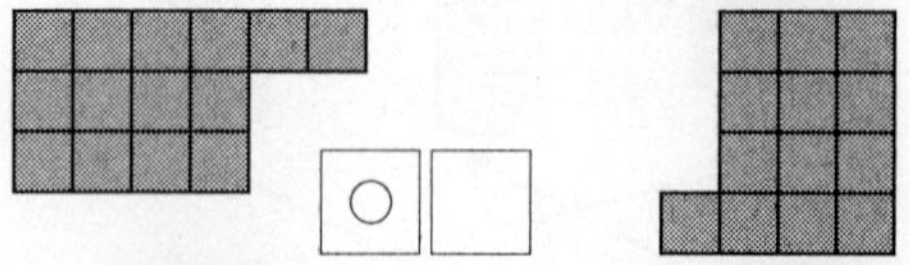

④

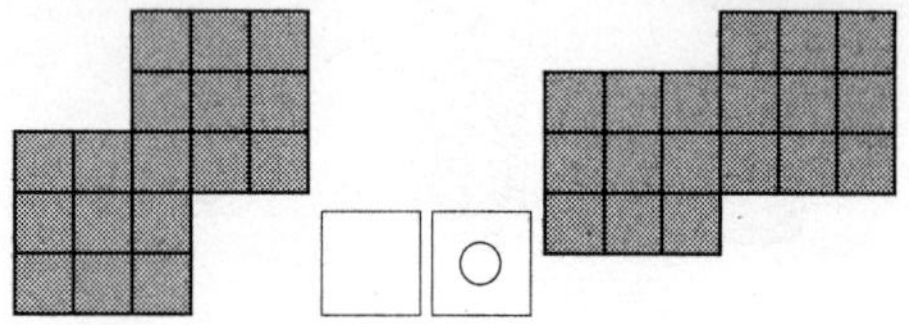

15 どちらがひろい ④

① 2，3，4，1

② 1，3，4，2

③ 2，1，4，3

〔p. 70〕 16 なんじなんぷん ①

1 （右回り） 0，5，10，15，20，25，30，35，40，45，50，55

2 ① 10，15，20，25

② 30，40，45，50

16 なんじなんぷん ②

1 （右回り） 1，4，8，11，14，18，21，24，28，32，38，41，44，48，51，54，58

2 ① 20，30，40，50

② 15，45，60

〔p. 71〕 16 なんじなんぷん ③

① 4　② 22　③ 38

④ 12　⑤ 46　⑥ 58

16 なんじなんぷん ④

①

②

③

④

⑤

⑥

〔p. 72〕 16 なんじなんぷん ⑤

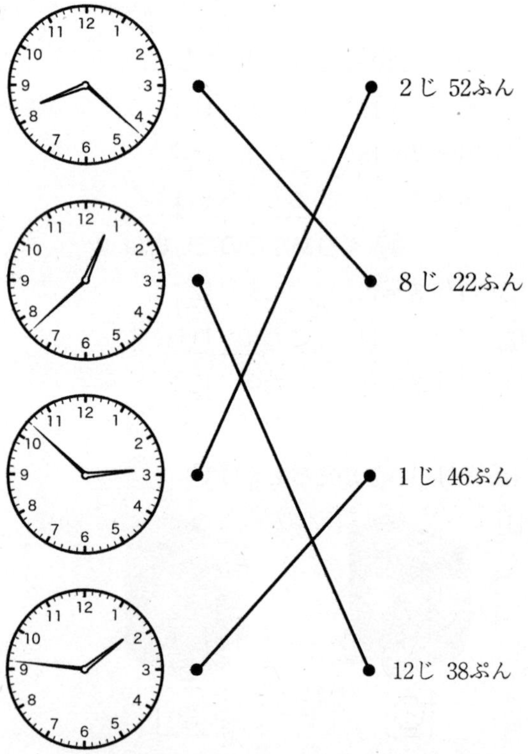

16 なんじなんぷん ⑥

① 5じ56ぷん　② 1じ2ふん

③ 4じ44ふん　④ 10じ18ぷん

⑤ 11じ38ぷん　⑥ 1じ52ふん

〔p. 73〕 17 ずをつかってかんがえよう ①

[1] 5 + 3 = 8　　こたえ　8ひき

[2] 6 + 3 = 9　　こたえ　9にん

17 ずをつかってかんがえよう ②

[1] 12 − 5 = 7　　こたえ　7ひき

[2] 8 − 3 = 5　　こたえ　5にん

〔p. 74〕 17 ずをつかってかんがえよう ③

[1] 5 + 3 = 8　　こたえ　8だい

[2] 6 + 3 = 9　　こたえ　9つ

17 ずをつかってかんがえよう ④

[1] 6 − 4 = 2　　こたえ　2こ

[2] 7 − 3 = 4　　こたえ　4こ

〔p. 75〕 17 ずをつかってかんがえよう ⑤

[1] 5 + 3 = 8　　こたえ　8まい

[2] 6 + 5 = 11　　こたえ　11こ

17 ずをつかってかんがえよう ⑥

[1] 12 − 3 = 9　　こたえ　9こ

[2] 12 − 8 = 4　　こたえ　4こ

〔p. 76〕 17 ずをつかってかんがえよう ⑦

[1] ①

② 3 + 1 + 4 = 8　　こたえ　8にん

[2] 3 + 1 + 5 = 9　　こたえ　9にん

17 ずをつかってかんがえよう ⑧

[1] 4 + 3 = 7　　こたえ　7にん

[2] 6 − 3 = 3　　こたえ　3にん

[3] 2 + 1 + 3 = 6　　こたえ　6にん

〔p. 77〕 18 かたちづくり ①

✿ ① 4まい

② 4まい

③ 5まい

④ 8まい

18 かたちづくり ②

✿ ① (れい)

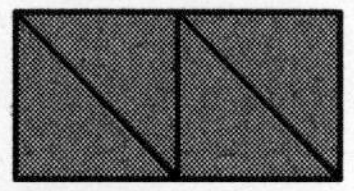

②

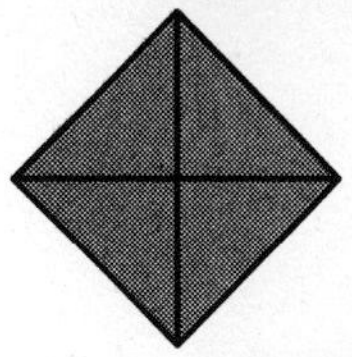

③ (れい)

④ (れい)

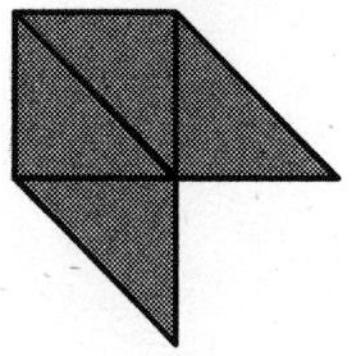

〔p. 78〕 18 かたちづくり ③

✿ ① 6まい

② 8まい

③ 6まい

④ 7まい

18 かたちづくり ④

✿ (れい)

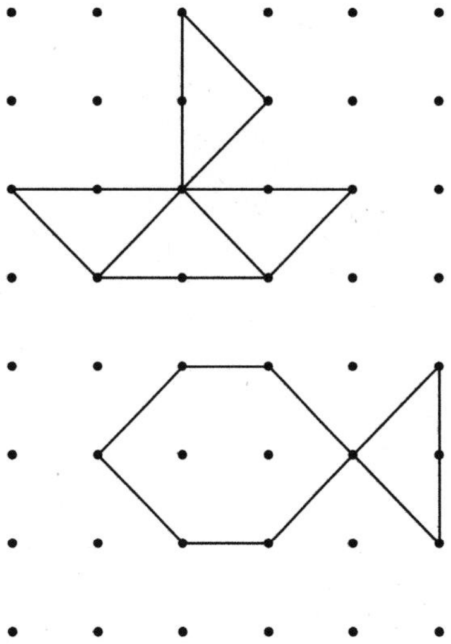

〔p. 79〕 19 20よりおおきいかず ①

✿ ① 10, 10, 6

10, 2, 20

20, 6, 26

② 10, 10, 10

10, 3, 30

19 20よりおおきいかず ②

✿ ①

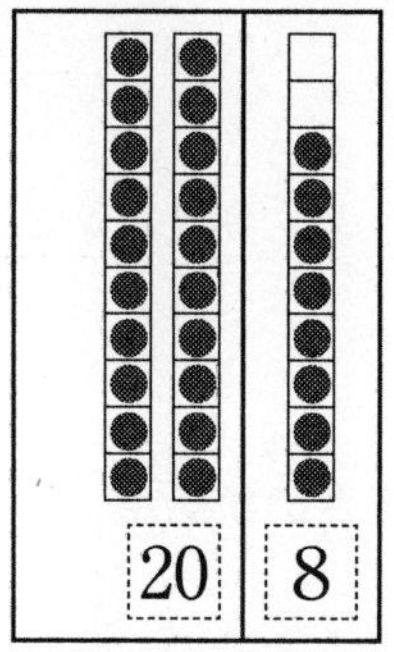

十のくらい	一のくらい
2	8

②

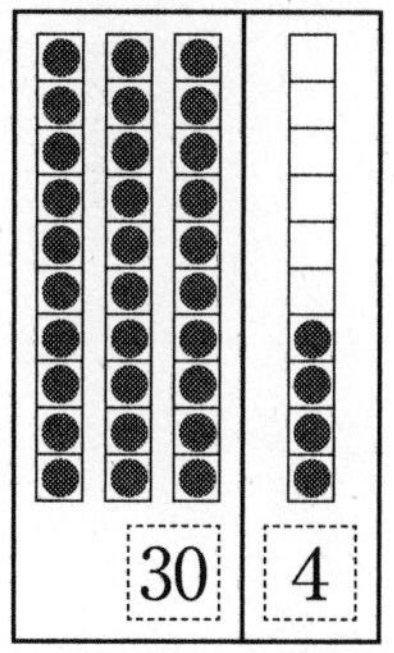

十のくらい	一のくらい
3	4

③ 40

〔p. 80〕 19 20よりおおきいかず ③

[1] 55

[2] 67

[3] 45

19 20よりおおきいかず ④

[1] 71

[2] 84

[3] 99

〔p. 81〕 19 20よりおおきいかず ⑤

[1] 10, 5, 50

1, 9, 9

50, 9, 59

5, 9

[2] 10, 6, 60

1, 8, 8

60, 8, 68

6, 8

19 20よりおおきいかず ⑥

✿ ① 90

8, 90, 8, 98

② 70

9, 70, 9, 79

③ 60

④ 8, 7

⑤ 7, 2

⑥ 5, 3

⑦ 9

〔p. 82〕 19 20よりおおきいかず ⑦

[1] ① 38

② 59

③ 84

[2] ① 8, 0

② 8, 5

③ 9, 0

19 20よりおおきいかず ⑧

✿ ① 33

② 57

③ 37

④ 49

⑤ 30

⑥ 62

⑦ 52

⑧ 40

〔p. 83〕 19 20よりおおきいかず ⑨

✿ ① ㋐ 81　㋑ 70

㋒ 65　㋓ 87

② ㋐ 70, 72

㋑ 30, 60

㋒ 15, 25

㋓ 20, 22

19 20よりおおきいかず ⑩

[1] 10, 100, 1

[2] 100

〔p. 84〕 **19 20よりおおきいかず ⑪**

[1] 105

[2] 107

[3] ① 100, 101, 103

② 110, 112, 114

③ 119, 120, 122, 123

19 20よりおおきいかず ⑫

[1] 50＋40＝90　　こたえ　90まい

[2] ① 70

② 70

③ 100

④ 100

⑤ 100

〔p. 85〕 **19 20よりおおきいかず ⑬**

[1] 20, 5 ＋ 3 ＝ 8

20＋ 8 ＝28

[2] ① 58

② 27

③ 57

④ 79

⑤ 66

19 20よりおおきいかず ⑭

[1] 50－20＝30　　こたえ　30まい

[2] ① 30

② 40

③ 50

④ 40

⑤ 20

〔p. 86〕 **19 20よりおおきいかず ⑮**

[1] 20, 5 － 3 ＝ 2

20＋ 2 ＝22

[2] ① 53

② 81

③ 91

④ 74

⑤ 66

19 20よりおおきいかず ⑯

[1] ① 70

② 80

③ 57

④ 66

[2] ① 40

② 50

③ 90

④ 62